NÉCESSITÉ D'UNE RÉFORME DANS L'ADMINISTRATION DE LA JUSTICE ET DANS LES LOIX CIVILES EN FRANCE,

avec la réfutation de quelques passages

DE L'ESPRIT DES LOIX.

par M. Linguet

A AMSTERDAM.

1764.

AVERTISSEMENT.

PAR les Juges Royaux, l'image de Votre Majesté se porte & se retrace jusqu'aux extrêmités de votre Royaume: par la liaison de ces différens canaux, qui répandent dans tout l'Etat la source inépuisable de votre sagesse, de votre justice, de votre bonté, tous les Peuples ressentent les effets de votre protection Royale. C'est Votre Majesté, qui par leur organe, écoute les plaintes du dernier des Citoyens: c'est elle qui lui rend la justice: c'est elle qui le protége, & & chacun de vos Sujets voit en eux, connoît, respecte & aime son Roi. Remont. du Parlement de Paris du 9 Août 1753.

Voilà le texte de ce petit Ouvrage. On y développe la nécessité de donner réellement aux Justices Royales inférieures, l'éclat & l'utilité que le premier Tribunal du Royaume leur suppose ici. On n'a pas pû se dispenser de citer *M*, que sa réputation, & surtout son Esprit des Loix, n'autorisent point à passer pour infaillible. Il a eu le sort de tous les génies distingués. On l'a trop loué & trop critiqué. Pour moi, en parlant de lui, j'ai surtout cherché la vérité. Elle ne se rencontre guére dans les hyperboles des Panégyristes, ni dans les Satyres des Censeurs. Si l'on peut espérer de la trouver dans quelques écrits, c'est peut-être dans ceux d'un homme, qui n'aspirant ni aux récompenses ni à la réputation, vit dans l'obscurité, & n'a jamais fait ni Panégyriques ni Satyres.

On a crû devoir placer ici un errata. Les fautes qu'on y releve sont essentielles : elles ont échappé à l'impression. Il a paru plus utile d'en prévenir d'avance le Lecteur, que de lui laisser la peine de les réparer après coup.

ERRATA.

Page 14, ligne 13 de la note, *ut Reipublica*, lisez, *ut Reipublicæ.*

Page 17, premiere ligne de la note, les Decemvirs qui &c. *lisez*, les Décemvirs; ils imiterent Tarquin dans sa tyrannie & dans sa lubricité : ils furent &c.

Même page, même note, ligne 6, par la même farce, *lisez*, par la même fable.

Page 21, derniere ligne de la note, d'Adrien, *lisez*, d'Antonin.

Page 23, ligne 13, avec des, *lisez*, avec ces.

Page 24, ligne 15, dans la Cour, *lisez*, dans le cœur.

Page 27, derniere ligne, s'y éteindre, *lisez*, s'y étendre.

Page 29, ligne 18, bien plus fiers, *lisez*, bien plus sûrs.

Page 31, ligne 18, contre l'indolence, *lisez*, contre l'insolence.

Page 35, ligne 6, d'abord les, *lisez*, d'abord ses.

Page 41, ligne 16, érigé en 1253, *lisez*, en 1453.

Page 47, ligne 28, regarder les Offices, *lisez*, regarder ces Offices.

Page 64, ligne 1, d'y déterminer, *lisez*, d'y terminer.

A Monſieur D. C. A. P. D. A.

VOUS m'impoſez, Monſieur, une tâche bien pénible. Vous voulez ſçavoir ce que je penſe des Loix en général, & de leur application en particulier. Vous me demandez mon avis ſur cette difformité ſinguliere que leur multitude a introduite dans ce qu'on appelle la Juſtice, ſur le rapport de nos Tribunaux, avec ceux des Anciens, ſur leur nature, ſur celle de leur établiſſement, ſur les cauſes qui ont amené la grandeur des Juriſdictions ſuprêmes, & qui ſemblent anéantir aujourd'hui les Juriſdictions inférieures. Voilà de la matiére pour pluſieurs Volumes. Je ne ſuis ni dans l'uſage, ni dans la volonté d'écrire beaucoup. Je ne puis vous promettre tout au plus que des réfléxions très-abrégées. Vous n'exigez pas ſans doute, que dans une courte enceinte, je réuniſſe des objets qui, ſans être éclaircis, ont déjà occaſionné des milliers d'In-folio.

Je n'ose me flatter de remplir toutes vos vûes : mais je vais vous développer les miennes. Je le ferai avec toute la briéveté, toute la précision dont je suis capable. Je serai court : après tout peut-être ne m'entendrez-vous que mieux. Si ce que j'ai à dire est vrai, il me faudra peu de mots pour l'établir. En général, je vois qu'on n'est guére diffus, que quand on se trompe. De deux sentimens il y a toujours à parier que celui qui exige le plus d'appareil, est le faux. Dans tous les genres, ce sont les Docteurs & les Livres qui font fuir la raison. L'art d'expliquer les choses longuement, est l'art infaillible de n'être point entendu, & de ne pas s'entendre soi-même. Défions-nous donc de cet art funeste. Songeons que la raison se trouve aussi rarement dans les gros Volumes, que dans les nombreuses Assemblées.

Avant que de vous écrire sur les Loix ou sur leurs Interpretes, j'ai crû devoir consulter le Livre fameux qui en développe *l'esprit*. Le bien & le mal qu'on en a dit, l'admiration & les critiques qu'il a fait naître, annoncent certainement un excellent Ouvrage. J'avois autrefois essayé à plusieurs reprises de le lire. Probablement je m'y étois pris trop tôt. J'ai toujours été obligé de l'abandonner, parce que je n'y comprenois rien. A présent c'est autre chose. Je l'ai lû : je crois l'avoir compris. Mais que vous dirai-je, Monsieur ? Quand je ne l'entendois pas, je pouvois l'admirer. Dois-je vous l'avouer ? Aujourd'hui que je l'entends, je puis bien l'admirer encore, mais non pas souscrire aux sentimens qu'il annonce.

Je rends justice à l'érudition immense de cet ingénieux Ecrivain, à son style animé, & souvent, peut-être même trop souvent pittoresque, à l'adresse de ses applications, qui paroissent toujours vraies, & le sont quelquefois : mais j'aurois de la peine à convenir de tous ses principes. Vous devinez bien que je ne m'engagerois pas non plus à les réfuter. Ce n'est pas l'ouvrage d'un moment, ni, je crois, un ouvrage à ma portée. *M.* est un de ces hommes dont la réputation vaut des preuves. Il a fallu Descartes pour ruiner quelques erreurs d'Aristote, Newton pour détruire celles de Descartes. Quand j'aurois raison comme eux, je ne pourrois pas me promettre le même succès.

Le Public en général persécute d'abord tous les hommes extraordinaires, sans examiner s'ils enseignent la vérité ou l'erreur. Quand ensuite il s'est laissé subjuguer par eux, son opiniâtreté à les défendre est aussi aveugle, que l'étoit son acharnement à les attaquer. Les grands génies, quand une fois ils ont fait des entousiastes, ressemblent à ces Rois qui recrûtent leurs Troupes dans le pays de leurs ennemis ; une premiere victoire les fait paroître invincibles, & leur donne réellement le moyen de le devenir. Il faut qu'il se présente un homme de leur force pour entreprendre de leur enlever ce beau titre, en s'exposant aux mêmes contradictions.

Je ne suis point cet homme-là. Je n'ai ni assez de courage pour braver les adorateurs de *M*, ni assez de lumieres pour parvenir à les détromper, s'ils s'égarent. Je me contenterai dans ce que j'ai à vous dire, de remarquer les articles qui feront de mon sujet, & où je me croirai autorisé à ne pas penser comme l'Auteur de l'Esprit des Loix.

Dans l'état où la Société met les hommes, ils ne sçauroient se passer de Loix. S'ils vivoient tous séparés, il ne leur en faudroit point. S'ils étoient tous pauvres, il leur en faudroit peu. S'ils étoient tous riches, il en faudroit davantage, mais beaucoup moins que dans la position singuliere, où les place respectivement l'inégalité des passions & des talens, celle de la richesse & de l'indigence. En général elles sont instituées pour réprimer la violence, quoique souvent elles la favorisent. Elles sont destinées surtout à assurer les propriétés. Or comme on peut enlever beaucoup plus à celui qui a, qu'à celui qui n'a pas, elles sont évidemment une sauvegarde accordée au riche contre le pauvre. La Justice est l'art de rendre à chacun ce qui lui appartient. *Suum cuique tribuere.* Mais le pauvre n'a à lui que sa pauvreté. Les Loix ne peuvent donc pas lui conserver autre chose. Elles tendent à mettre l'homme qui posséde du superflu, à couvert des attaques de celui qui n'a pas le nécessaire. C'est-là leur véritable esprit, & si c'est un inconvénient, il est inséparable de leur existence.

Il faut avouer pourtant qu'il est adouci, par la nécessité où sont les possesseurs de tout, de louer les bras de ceux qui n'ont rien. L'industrie laborieuse assigne à ceux-ci une part sur les trésors de l'opulence oisive. Sans chasser l'inégalité, elle la rend moins odieuse. L'envie de jouir surmonte l'avarice : par une combinaison aussi utile que singuliere, ce qu'une passion a entassé, une autre passion le disperse. Voilà ce qui empêche les Loix d'être injustes, quand elles maintiennent un petit nombre d'hommes dans le droit de consommer, sans travailler à la réproduction ; c'est par-là qu'elles imposent silence aux Censeurs, quand elles condamnent la multitude à arracher avec peine les fruits du ſein de la terre, ſans lui permettre de s'en réſerver autre choſe que la moindre partie.

Si les Loix ſont faites pour procurer aux Citoyens la poſſeſſion libre & aſſurée de leurs biens, elles doivent donc êtres ſimples, claires & uniformes : ſimples, parce qu'ayant à ſtatuer ſur des cas généraux, la moindre apparence de confuſion dans le texte, en feroit naître une horrible dans les commentaires ; claires, de peur que leur obſcurité ne ſerve de retraite à la chicane, qui profite & abuſe de tout ; uniformes, parce que le cœur & les paſſions des hommes ſe reſſemblent partout, & qu'il ne faut pas de variété dans les moyens qu'on employe pour les conduire ou pour les réprimer. La différence des principes politiques peut en mettre dans les moyens civils de Royaume à Royaume. Mais je ne vois pas que cette différence ſoit néceſſaire dans l'enceinte d'un même Etat, dans celle d'une Province, & moins encore dans le Territoire d'une ſeule Ville. C'eſt une choſe bien étrange qu'une muraille de deux pieds d'épaiſſeur, borne le pouvoir d'une Loi, & que la Coutume approuvée dans la Cité, ſoit un abus condamnable dans le Faubourg.

D'un autre côté les Tribunaux faits pour être les organes des Loix, pour terminer les querelles que l'intérêt & les passions peuvent faire naître parmi les Citoyens, doivent se trouver près des lieux où naissent les querelles; ce sont souvent de petits objets qui les font élever. Si l'Arbitre qui doit les appaiser est éloigné, s'il en coûte beaucoup pour l'aller trouver, & plus encore pour s'en faire écouter, il résultera deux inconvéniens; l'un que beaucoup de gens préféreront de laisser perdre ce qui leur appartient, plutôt que de faire les avances nécessaires pour en obtenir la restitution; l'autre que le riche qui peut faire les avances sans s'incommoder & s'absenter longtems de chez lui, sans que ses affaires en souffrent, opprimera facilement le pauvre qui vit de son travail. Celui-ci est avec ses bras l'ame de son ménage. Il ne sçauroit s'en éloigner, sans le voir périr à l'instant. Il faut donc si l'on veut lui ouvrir un asyle contre la violence, que cet asyle soit voisin de son champ. Il faut que l'interruption de ses travaux, nécessaire pour y courir, ne lui soit pas plus funeste, que la violence même dont il chercheroit à se garantir.

Ces maximes sont incontestables. Elles paroissent conformes à la marche de la nature. Celle-ci aime l'ordre en général: elle se pique partout de produire de grandes choses, avec peu de moyens. Mais ce n'est point.

là le modele que les hommes se proposent. Ils s'attachent en tout genre, à fuir le simple & le naturel. Il semble qu'il soit de leur essence de commencer d'abord par s'écarter de la raison, & de n'y revenir qu'avec effort. Vous les voyez dans leurs essais, s'entourer de machines nombreuses & compliquées. Il faut bien du tems, bien des peines, & même bien des coups d'autorité, pour leur faire entendre que la perfection consiste à tout simplifier.

C'est surtout dans la Jurisprudence qu'ils ont abusé de cette malheureuse fécondité. En la formant ils l'ont surchargée de poids, de rouages de toute espéce. Leur premier soin a été d'y multiplier les cordes, les engrenages, & aujourd'hui ils se plaignent de la lenteur de son mouvement. Il y en a même qui n'en voulant pas voir la cause où elle est, se donnent pour protecteurs de cet assemblage grossier. Loin de permettre qu'on travaille à rendre leurs machines moins composées, ils ne veulent pas même souffrir qu'on parle de les décrasser.

Je suis fâché que *M.* avec tant de lumieres & de courage, ait pris le parti de ces Ouvriers ignorans & timides. * Il prétend que la mul-

* Voyez, Esprit des Loix, Liv. 2, Art. 4, & tous les endroits où il parle des Jugemens civils.

titude des Tribunaux est le rempart de la liberté. Il assure que la multiplicité, la différence des Loix n'est point un mal; mais que quand ç'en seroit un, on risqueroit d'en introduire encore un plus grand, en voulant corriger celui-là. *Les institutions anciennes*, dit-il, *sont des corrections : les nouvelles sont des abus. Dans le cours d'un long Gouvernement, on va au mal par une pente insensible : on ne remonte au bien que par un effort.* A la bonne heure : mais au bout de la pente, cet effort devient une nécessité. Il ne peut être produit que par une institution nouvelle, qui n'est donc pas un abus, puisqu'elle est indispensable.

Quand les poids d'une horloge sont tout-à-fait descendus, il faut bien les relever. Quand une roue est cassée, on n'accuse point l'Horloger qui en fait une autre, de déranger la pendule. Quand les Loix d'un Etat sont sans force & sans vigueur, quand le changement de sa position ou de ses mœurs rendent les anciennes Ordonnances inutiles, ou même dangereuses, il faut bien y en substituer de nouvelles. Ce sont les poids qu'on remonte. C'est la roue que l'on raccommode. Jamais le Législateur qui fera cette opération dans le moment où elle sera nécessaire, ne passera pour un brouillon imprudent,

Pour réussir à déterminer les objets qui ont parmi nous le plus besoin de ce secours, discutons les deux articles où *M.* est d'un avis si extraordinaire, où il préfére la maladie à la guérison. Cherchons dans l'Histoire d'où peuvent venir ces Tribunaux dont la multitude nous fatigue, & ces Loix dont la foule nous égare. Peut-être découvrirons-nous si l'origine des uns est assez respectable, pour qu'on puisse appréhender d'augmenter ou de restraîndre leurs privilèges, & si la source des autres est assez pure, pour qu'on doive se faire un scrupule d'en interrompre l'usage. Suivons chez les Peuples qui nous ont précédé, & surtout chez nos ancêtres, l'établissement des Loix civiles, & l'érection des Magistratures destinées à en conserver le dépôt.

Il ne nous reste à cet égard que des lumieres très-confuses, sur la haute antiquité. Nous avons peu de monumens des Loix des Grecs, ou de leur façon de les faire exécuter dans le Civil. Nous sommes encore moins instruits des Loix des Perses, * des Egyp-

* *M.* en parlant des Perses, suppose que leur Roi étoit parfaitement despotique, & que ses Ordonnances ne pouvoient jamais être révoquées. La preuve, dit-il, que cette maniére de penser y a été de tout tems, *c'est que l'ordre que donna Assuerus d'exterminer les*

tiens, & de tant d'autres Peuples, bien plus vantés que connus. Nous en sçavons assez pourtant pour voir que dans la Gréce, comme parmi nous, toutes les Ordonnances civiles étoient des fruits transplantés. Aucune n'étoit née pour le pays où les Législateurs leur firent prendre racine. Lycurgue avoit tiré les siennes de Crête, Solon des différens pays où il avoit voyagé. Elles choquent d'ailleurs en

Juifs, ne pouvant être révoqué, on prit le parti de leur donner la permission de se défendre. Tome premier, Liv. 3, Art. 10. Voilà une assertion bien formelle. Il n'y a pourtant rien qui y ressemble dans le Livre d'Esther, qui est la seule source où *M.* ait pû puiser ce fait. On y voit que le Roi ordonna aux Juifs, *ut starent pro animabus suis, & omnes inimicos suos cum conjugibus, ac liberis universis domibus, interficerent ac delerent, & spolia eorum diriperent.* On voit plus bas, *summa que Epistola hac fuit, ut in omnibus terris, ac populis qui Regis Assueri subjacebant imperio, notum fuerit paratos esse Judaos ad capiendam vindictam de hostibus suis.* Je ne sçais comment *M.* a pû trouver dans ces paroles une simple permission de se défendre : moi j'y vois un ordre bien précis d'attaquer. Des gens qu'on autorise à se venger de leurs ennemis, à massacrer les hommes, les femmes & les enfans, à piller tous les biens des Proscrits, me semblent bien expressément armés pour aller chercher leurs Adversaires, & non pas destinés à les attendre.

Il y a plus : c'est à cette occasion que *M.* assure que les Ordonnances des Rois de Perse ne pouvoient vant d'endroits, la politique, la bienſéance & même l'humanité, que ſi l'habitude ne nous forçoit à joindre le nom de *Sage* à celui de leurs Auteurs, on ſeroit tenté ſouvent d'y en joindre un beaucoup moins honorable.

Que dire de Sparte où les Loix n'enſeignoient d'autres moyens pour prévenir la révolte des Eſclaves, que de les égorger, * où elles autoriſoient les jeunes gens bien faits à

jamais être révoquées. Dans ce même Livre d'Eſther on trouve deux Lettres d'un Roi de Perſe, dont la ſeconde révoque & annulle ſolemnellement la premiere. Le prétendu Deſpote avoue qu'il a été ſurpris. Il reconnoît que des Courtiſans orgueilleux & malins, ont abuſé de ſa crédulité. Ne croyez pas, dit-il enſuite aux Gouverneurs de ſes Provinces, que ce ſoit par légéreté *que je vous donne des ordres contraires aux premiers :* mais je meprête aux circonſtances & à toutes les démarches qu'exige le bien de l'Etat. *Nec putare debetis, SI DIVERSA JUBEAMUS, ex animi noſtri venire levitate, ſed pro qualitate & neceſſitate temporum, ut Reipublicæ poſcit utilitas ferre ſententiam.* Si l'on en croit les Panégiriſtes de *M.* il a employé vingt ans à compiler les Extraits ſur leſquels il a bâti ſon Eſprit des Loix. Il faut avouer que c'eſt bien du tems perdu, s'il a fait quelque fonds ſur leur exactitude. L'infidélité de cette citation eſt frappante. Je ne ſerois pas embarraſſé à en trouver d'autres dans ſon Livre, dont il tire des conſéquences victorieuſes, & qui ne ſont pas moins infidéles.

* Voyez Plutarque.

faire des enfans à toutes les jolies femmes, où on appelloit Roi un homme que des Particuliers pouvoient mettre à l'amende, où l'oisiveté étoit une vertu, & le travail un vice honteux ? Que penser aussi d'Athenes où la Loi condamnoit les batards à la servitude, les punissant ainsi par une injustice visible de l'incontinence de leurs pères, * où le crime contre nature étoit un privilège délicat, réservé pour les gens libres, & interdit aux Esclaves, comme les habits précieux où les mets recherchés ? Je leur ai donné, disoit Solon, non pas les meilleures Loix, mais les meilleures de celles qu'ils pouvoient souffrir. Quel Peuple que celui chez qui il falloit que la Loi pour être soufferte, autorisât les plus abominables dissolutions !

Du reste en connoissant imparfaitement quelques-uns de ces Réglemens généraux, nous n'en sommes pas plus éclairés sur la façon dont ils s'interprétoient dans les cas particuliers. Il est assez probable qu'à Sparte on n'avoit pas grand besoin de Justice distributive. Si ce qu'on en dit est vrai, les procès devoient être rares dans une Ville peuplée de Maîtres fainéans, & de Travailleurs esclaves. N'ayant ni or ni argent, ni à pro-

* Voyez Plutarque.

prement parler de propriété, ils ne pouvoient guére avoir de querelles.

A Athenes elles devoient être fréquentes. On avoit à se disputer beaucoup de choses chez un Peuple industrieux, adonné aux Sciences, aux Arts, au Commerce, à tout ce qui flatte & développe les passions. Il falloit dans une telle Ville le frein des Loix, & des hommes choisis exprès pour en diriger l'usage. Mais qui étoient ces hommes? Quelles régles suivoient-ils? Comment rendoient-ils leurs Sentences? Les Ecrivains ne nous l'apprennent point. On parle d'un Aréopage, qui suivant *M.* suspendoit les décisions du Peuple, quand elles étoient injustes.

Mais cela ne pouvoit regarder que les affaires générales. Dans les cas particuliers cet Aréopage étoit souverain. Au lieu de suspendre des Jugemens, il en prononçoit lui-même, comme il fit contre Socrate. Ce Philosophe ne fut point condamné par le Peuple. Il le fut par le Tribunal, qui fit exécuter sa Sentence sans appel. Il n'étoit pourtant pas seul à décider de la fortune des Citoyens. On voit par les anciens monumens, & surtout par Aristophane, qu'il y avoit d'autres Juges tirés au sort, & payés par l'Etat pour leur droit d'assistance. Ces emplois étoient même devenus ridicules à force d'être multipliés.

tipliés. Ils montoient, dit-on, au nombre de plus de trois mille. Mais quelle apparence qu'il y eut trois mille Juges, dans un pays où il n'y avoit pas vingt mille Habitans ? Nous ſommes donc, je crois, aſſez bien fondés à dire que nous ignorons pleinement ce qui regarde cette partie de l'Hiſtoire de la Gréce. Le voile qui la couvre ne ſera jamais levé. Nous pouvons deviner ſeulement que les Loix Civiles n'y étoient rien moins que ſimples, & que les Juges y étoient fort nombreux.

On ne trouve pas à Rome la même obſcurité. On y voit bien diſtinctement des Légiſlateurs * choiſis par le Peuple, pour lui compiler une multitude d'Ordonnances, faites comme la plûpart des nôtres, pour n'être pas exécutées. Comment concilier celle qui autoriſoit les créanciers à couper leur débiteur en morceaux, avec celle qui ne permettoit pas même de frapper un Citoyen ? Les douze tables étoient pleines de diſpoſi-

* Les Décemvirs, qui imitérent Tarquin dans ſa tyrannie & dans ſa lubricité, furent renverſés comme lui par le meurtre d'une femme. Il y a bien des gens qui doutent de ces deux Hiſtoires de Lucréce & de Virginie. Ils croyent que les Hiſtoriens Romains ont voulu décorer deux fois par la même fable le berceau de leur liberté, & ce ſentiment eſt bien probable.

B

tions inhumaines, ridicules, & elles furent bientôt oubliées en grande partie.

Le Prêteur qu'on appelloit *Urbanus*, affichoit en entrant en charge les principes de Juriſprudence qu'il ſe fixoit à lui-même, c'étoit d'après eux qu'il régloit ſes Arrêts pendant l'année. Tous ne ſe piquoient pas ſans doute d'être bien fidéles à ſuivre leurs affiches, puiſqu'on voit des Loix portées par le Peuple, pour leur défendre de s'en écarter. Cette méthode ſujette à mille inconvéniens, ſe ſoutint cependant auſſi longtems que la République. Ainſi on y pouvoit compter autant de Codes que de Magiſtrats. Le Peuple avoit beau porter des Loix générales, on s'en permettoit l'explication dans le particulier. C'étoit le caractére des Juges, & non pas la Loi qui dictoit la Sentence.

Cet inconvénient étoit grand : mais au moins les Romains avoient ſçu en éviter un autre bien plus redoutable. Ils n'avoient pas la Juſtice de reſſort. * Ce n'étoit que dans les cas extraordinaires qu'on appelloit au Peuple ; & ces cas étoient fort rares. Le Prêteur *Urbanus* jugeoit ſans appel à Rome. Les

* J'expliquerai plus bas en quoi je crois la Juſtice de reſſort onéreuſe, & comment on eſt parvenu, ſurtout en France, à en faire un des fléaux qui la dépeuplent.

Proconsuls, Propréteurs, & autres Magistrats envoyés dans les Provinces, y avoient la même autorité. Ils réunissoient la puissance militaire & civile. Ils agissoient en maîtres absolus. S'il naissoit delà sous des Juges iniques un brigandage funeste, il est pourtant vrai qu'il étoit encore préférable à une Justice qu'il auroit fallû aller chercher au milieu de la corruption de Rome. Les affaires se terminoient sur le champ. * Le malheureux qui se trouvoit dépouillé de sa terre & de son droit, épargnoit au moins tout l'argent qu'il lui en auroit coûté pour le soutenir plus longtems. On lui sauvoit les démarches, les inquiétudes, les humiliations, plus rudes souvent & plus affligeantes que la dépense.

Quand les Empereurs eurent envahi l'autorité suprême, ils se réserverent le pouvoir, non-seulement de faire des Loix en général, & de veiller comme Censeurs à leur observation, mais aussi d'en régler l'usage comme Magistrats. Auguste fut très-soigneux de l'e-

* Il est bon de remarquer que cette administration expéditive de la Justice, subsistoit à Rome dans le tems le plus brillant de sa liberté. *M.* en a fait un des soutiens, une des compagnes inséparables du Despotisme. L'envie de tout expliquer, l'a souvent rendu très-peu délicat sur ses applications

xercer. Il se rendoit lui-même sur la Place. Il opinoit dans les Jugemens. Il rendoit des Sentences, & se chargeoit de revoir celles des autres.

Je suis surpris que *M.* attaque ce fait attesté par l'Histoire. Il prétend que Claude seul eut la fureur imprudente * d'attirer à lui toutes les affaires. Il fait de ce Prince un M. Dandin, qui veut *aller juger*. Je crois que *M.* se trompe. Claude étoit un imbécile : mais ce ne fut point en se portant pour Arbitre entre les Citoyens devenus ses Sujets, qu'il prouva la petitesse de son esprit. Ce droit qu'on l'accuse d'avoir usurpé, ne fut guére dédaigné chez les Romains que par les Tyrans. Il étoit scrupuleusement exercé par les bons Princes. Auguste, Vespasien, Trajan, Adrien, Antonin, Marc-Aurele, étoient attentifs à rendre la Justice par eux-mêmes. Ils ne croyoient point que leur place leur imposât de fonction plus honorable & plus précieuse.

Cette Coutume s'abolit sous leurs Successeurs, presque tous aussi ignorans que barbares, qui pour la plûpart, loin de connoître la justice, ne connoissoient pas même la raison. Constantin fastueux, occupé de guerres ci-

* Livre 6, Article 5.

viles, de l'établissement d'une Religion nouvelle, de la construction d'une seconde Rome, ne put où ne voulut point se soumettre à un usage pénible. Le sage * & malheureux Julien, le fit revivre avec éclat : mais il périt avec lui. Depuis sa mort on ne vit plus de Princes examiner en personne les affaires de leurs Sujets. Ils remirent à d'autres mains les balances de la Justice, & il faut avouer que la quantité de Loix introduites peu à peu dans l'Empire, en avoient fait un fardeau accablant. Il n'étoit pas possible qu'un Empereur les sçût toutes. Avec la meilleure envie d'être juste, il se seroit exposé à faire une injustice, s'il avoit crû mal à propos suivre les anciennes Ordonnances, où à paroître la favoriser, s'il avoit voulu en faire sur le champ de nouvelles.

Une confusion affreuse régnoit dans ce

* Quand je l'appelle sage, je ne prétends pas que toutes ses actions ayent été dirigées par la sagesse. Son changement de Religion est sans doute une tache à sa mémoire ; mais il ne doit pas nous empêcher de rendre justice à ses grandes qualités. L'Histoire le place à côté de Marc-Aurele, Philosophe & Payen comme lui. Peut-être même meriteroit-il la préférence, s'il n'avoit eu le malheur de fermer volontairement les yeux à une lumiere, que le Successeur d'Adrien n'a jamais connue.

vaste Etat, & dans toutes ses parties. Ravagé par ses maîtres, par ses ennemis, & par ses défenseurs, il ne se soutenoit plus que comme un homme d'un tempérament robuste, dont une longue maladie a épuisé les forces. Il voyoit de jour en jour approcher le moment où il faudroit enfin succomber. L'administration civile se trouva bientôt dans le même désordre que le gouvernement politique. Tant de brigands, qui sous le nom d'Empereurs, souilloient le Trône & l'ensanglantoient, cherchoient à signaler chacun la courte durée de leurs Régnes, par des Ordonnances différentes. Les Barbares qui déchiroient les Provinces, y amenoient avec eux leurs usages & leur esprit. Tantôt vaincus, tantôt vainqueurs, successivement fugitifs & conquérans, leurs succès corrompoient les anciennes Loix, leurs revers ne les rétablissoient point. On étoit donc inondé de Réglemens contradictoires. Le trouble croissoit par les moyens mêmes qui auroient dû l'arrêter.

On voyoit partout des Jurisconsultes, qui expliquoient des Ordonnances obscures, par des interprétations encore moins intelligibles. Les malheureux Citoyens dépouillés par les ravages des Armes, par l'exaction des Tributs, avoient encore à soutenir un autre genre de guerre. Cette foule de Loix, susceptibles de tous les sens, étoit une nouvelle armée aux ordres de l'injustice. Elle achevoit de détruire ce qui avoit échappé aux pillages des Barbares, ou à l'avidité des Soldats envoyés pour les combattre.

Justinien parvenu au Trône dans ces tems funestes, sentit l'abus. Il eut le courage de penser à le corriger. Des Jurisconsultes s'engagerent par son ordre dans cet amas prodigieux de décombres, dont la Justice étoit accablée. Ils s'efforcerent de la dégager un peu. Ils lui bâtirent avec ces matériaux informes, une espece de Temple, qui sembloit devoir assurer son culte.

Ce n'est pas ici le lieu d'examiner les Instituts de Justinien, ni leur utilité ou leurs défauts. Je me contenterai seulement de remarquer qu'ils admettent une Justice de ressort, dont on ne voit jusques-là nulle trace dans la Jurisprudence Romaine. Ils supposent de la subordination dans les Tribunaux. Mais il ne la fixent pas. Ils veulent seulement qu'on n'ait recours à ceux de la Capitale, que dans les cas importans.

Il étoit bien tard pour donner des Loix à un Empire qui alloit expirer. Ses derniers momens étoient marqués par des convulsions terribles. Déjà de ses démembremens il s'étoit formé plusieurs grands Etats. On lui avoit arraché les Gaules presque entiéres. Les Romains chassés des bords du Rhin & de la Meuse, par les Barbares du Nord, fuyoient vers les Provinces Méridionales, où ils retrouvoient d'autres ennemis. La Religion étoit le seul lien qui parut encore retenir les Peuples. Clovis le rompit. Les Gaulois qui avoient balancé pour se soumettre à un Prince idolâtre, s'attacherent volontiers à un Prince baptisé. Le Baptême fut le véritable sacre qui lui assura la Couronne.

On ne pouvoit pas espérer que cette démarche politique produiroit des fruits bien sensible dans la Cœur du nouveau Converti. Aussi n'en fut-il pas dans la suite moins cruel. Il souilla sa Robe blanche du sang de tous ses parens. Il transmit à ses Successeurs cet esprit impitoyable & féroce qui sacrifie tout à ses intérêts, qui regarde la vie des Sujets comme un léger obstacle à la satisfaction des Princes. Telles furent les maximes des Rois de la premiere Race. Parmi tant d'hommes barbares, on vit avec surprise des femmes encore plus inhumaines. Brunehaud, Fredegonde, disputerent aux Brigands, dont elles partageoient le lit & le pouvoir, le prix de la scélératesse, & l'emporterent.

On sent aisément que parmi tant de secousses, l'édifice de Justinien dût être bien ébranlé. Il n'étoit pas probable que des vainqueurs qui dédaignoient les premieres Loix de la nature, dûssent avoir beaucoup de respect pour celles d'un Empire qu'ils avoient détruit. Des mœurs, des coutumes nouvelles, acheverent de les rendre tout-à-fait inutiles.

Alors s'introduisoit peu à peu cette Jurisprudence singuliere de la féodalité & de la servitude, qui a pendant cinq cens ans plongé l'Europe dans l'ignorance & la barbarie. On n'en connoît pas l'origine au juste. Les Sçavans ont disputé très-doctement sur cet objet, & comme c'est l'usage, ils ne l'ont pas éclairci.

Les uns ont prétendu que les Germains conquérans avoient réduit à l'esclavage tous les anciens Habitans de leurs Conquêtes, que par-là la Nation victorieuse avoit formé les Seigneurs de Fiefs, le Corps de la Noblesse, tandis que la Nation vaincue formoit les Serfs, ces malheureuses victimes de l'avarice & de la violence, connues sous le nom d'hommes de Pœst, d'hommes attachés à la Glébe. *M.* croit qu'il n'en est rien. Il pense que les Barbares devenus les maîtres, partagerent bien entr'eux les anciens Esclaves, mais qu'ils ne se piquerent point d'en faire de nouveaux. Il assure que la servitude, si répandue, si universelle sous la troisiéme Race, ne fut point le fruit des guerres des Francs contre les Romains, mais des Francs mêmes contre leurs Compatriotes. *

S'il m'étoit permis de dire mon avis, j'avouerois que je soupçonne les uns & les autres de s'être trompés. A l'arrivée des Francs dans les Gaules, il y avoit des Esclaves, des Serfs, on n'en sçauroit douter. C'étoit eux seuls qui travailloient à la terre, qui demeuroient à la campagne. La Coutume des Romains, qui réduisoient tous les prisonniers à l'esclavage, en avoit augmenté le nombre. Ils formoient seuls ou presque seuls, cet ordre nombreux que nous appellons Paysans. Leur servitude étoit douce. Leurs continuelles occupations, la vûe des maux, des désordres qui régnoient dans les Villes, le mépris qu'affectoient pour eux les Soldats, toutes ces causes contribuoient à les retenir dans la soumission. Elles les empêchoient de penser à la révolte.

Ce furent ces Paysans esclaves, appartenans aux Bourgeois Romains ou Gaulois, dont les Francs vainqueurs s'attribuerent une

* Voyez Livre 30, Article 8.

partie, ainſi que des terres, après la conquête. Les Maîtres reſterent libres inconteſtablement, & en cela *M.* a raiſon. Mais quand il ſuppoſe que ceux-ci perdirent leur liberté dans les guerres civiles élevées entre les Conquérans, je crois qu'il n'eſt pas auſſi bien fondé. En effet, on peut bien réduire en eſclavage des hommes qu'on tranſporte à deux cens lieues de leur pays, comme faiſoient les Romains, qui vendoient dans les Gaules les priſonniers faits ſur les bords du Danube. L'impoſſibilité de retourner dans leur Patrie, eſt la chaîne avec laquelle on s'en aſſure. L'habitude, l'éducation, eſt une autre chaîne dont on charge leurs enfans. Les uns n'ont pas les moyens de fuir : les autres n'en ont pas même la volonté. Mais c'eſt tout autre choſe quand il s'agit de priſonniers qui n'ont qu'à marcher dix lieues pour rompre leurs fers. Il n'eſt pas poſſible de leur en donner d'aſſez péſans pour les arrêter. Or c'eſt la poſition où ſe trouvoient tous les petits Etats des Francs à l'égard les uns des autres, quand ils eurent envahi une partie de la Gaule. Quand le Roi de Soiſſons faiſoit la guerre au Roi de Paris, je voudrois bien ſçavoir où le vainqueur auroit pû cacher ſes Eſclaves. S'il les vendoit, ils ne rêſtoient point dans le pays, & dès-lors la ſervitude ne devoit pas s'y éteindre. S'il les gardoit, il étoit impossible que tôt ou tard ils ne s'échappassent, & la conséquence est la même. On ne devoit toujours retrouver dans chaque pays que des *Francs* guerriers, & des Bourgeois ingenus, avec les descendans des anciens Serfs, Serfs comme leurs pères, ou de nouveaux esclaves venus des contrées éloignées, tous différens des anciens Habitans qui étoient libres au moment de l'invasion, & conserverent leur liberté après la conquête.

Les deux premiers ordres se confondirent peu à peu, par les mariages, par les acquisitions, par l'empressement des Gaulois & même des Romains à quitter un nom, qui après avoir été si longtems un titre d'honneur, n'en étoit plus qu'un d'opprobre. Les Serfs fixés invariablement dans leur condition, n'en passerent pas les bornes. L'indifférence des Conquérans pour l'Agriculture & les Arts mécaniques, communiquée aux Habitans libres qui cherchoient à les imiter, à ne point se distinguer d'eux, rendit les Serfs plus nécessaires, & les fit ménager davantage. Par une conséquence infaillible, ils multiplierent dans la même proportion. Leurs enfans peuplerent la campagne. Ils s'étendirent même dans les Villes: ils y exercerent les Arts avilis malgré leur nécessité, tandis que les Seigneurs vivoient à la tête de leurs Soldats, ou dans des Châteaux qu'ils se bâtissoient, & qui favorisoient leur goût pour l'indépendance.

Delà vint que dès la fin de la premiere Race, il n'existoit presque plus dans la Gaule que des Nobles adonnés aux Armes, avec des Vilains, demeurans à la Campagne & esclaves, ou des Artisans Bourgeois & esclaves aussi, quoique demeurans dans les Villes. De cette position singuliere des hommes, les uns à l'égard des autres, suivit nécessairement la diminution des procès. Les trois quarts de la Nation ne savoient plus avec qui ni sur quoi plaider. Les Serfs ayant peu d'intérêts personnels, avoient peu de disputes entr'eux. Celles qui regardoient les fonds, ne pouvoient concerner que les maîtres. Ces fiers guerriers, bien plus fiers de leurs épées, que de la plume d'un défenseur mercénaire, adopterent un usage qui abrégea encore les formalités, ce fut de décider les contestations en tout genre, par le combat.

S'agissoit-il d'un champ usurpé, on se battoit, d'une fille déshonorée, on se battoit, d'un bijou volé, on se battoit. On n'eut plus besoin de Juges que pour donner la permission de se battre, ce qui n'exigeoit ni beaucoup de tems, ni beaucoup de science ; & comme la victoire terminoit infailliblement le procès. Il ne falloit ni appel, ni dégrés de Jurisdiction.

Il est donc aisé de concevoir comment sous les deux premieres Races, & longtems sous la troisiéme, un seul Parlement ambulant suffisoit pour terminer toutes les affaires de la Nation. Il n'étoit pas même toujours assemblé. Les Rois ne le convoquoient que dans les occasions extraordinaires, & alors il manquoit souvent d'occupation. Les grands Seigneurs tachoient chacun de maintenir la paix dans l'étendue de leurs Fiefs. Ils vouloient qu'on ne se battit que pour eux. Soit qu'ils ne voulussent point risquer d'augmenter la puissance du Roi, en laissant aller plaider leurs Vassaux devant ses Juges: soit qu'ils craignissent de diminuer la leur, en s'exposant à perdre leurs hommes dans les combats particuliers, ils s'attachoient à prévenir les querelles, nouvelle raison qui les rendoit encore plus rares entre les Gentilshommes.

Enfin les Ecclésiastiques s'attribuoient déjà la connoissance de beaucoup de cas. Tout ce qui concernoit les mariages, les biens de l'Eglise, & ce n'étoit pas un petit objet, tout ce qui paroissoit avoir le moindre rapport, même indirect, avec les intérêts d'une Abbaye ou d'un Evêché, se portoit devant l'Abbé ou l'Evêque. Il ne faut donc pas être étonné que le Parlement n'eut rien à faire, & que les Juges Séculiers fussent dispensés de s'assembler souvent.

Enfin après un long sommeil, la raison parut vouloir ouvrir les yeux. On fut touché du sort de tant d'hommes, qui travaillant la terre, & recueillant ses fruits, avoient à peine comme leurs chevaux, le droit de s'en nourrir. On pensa à diminuer leurs fers, à soulager la servitude. Il ne faut pas croire que ce fut un sentiment de Justice qui occasionna cette idée. Ce fut l'intérêt particulier qui la fit naître. Des Rois chagrins de se voir Sujets de leurs Vassaux, d'être petits avec un grand titre, & foibles avec les marques extérieures de la force, imaginerent de déchaîner la multitude esclave, pour se faire un appui contre l'insolence du petit nombre des libres. La fermentation étonnante des Croisades favorisa ce systême. On fit un point d'honneur & de religion aux Nobles d'aller se ruiner, combattre, & périr dans la Palestine.

Les Vilains exclus de cette gloire dangereuse, en tirerent un fruit solide. On leur permit d'acheter le nom d'hommes dans leur Patrie, en donnant de l'argent à ceux qui l'alloient perdre sur les bords du Jourdain. Comme ces Vilains avoient de l'industrie, que l'envie de rompre leurs fers l'augmentoit encore, que d'ailleurs la politique des Rois, & l'avidité des Seigneurs, concouroient à faciliter les affranchiſſemens, en peu de tems le nombre des affranchis devint conſidérable. Alors commença l'ordre inconnu juſques-là en France, à qui l'on a donné le nom de Tiers-Etat.

Quand des chevaux ſont attachés dans une écurie, rarement s'aviſent-ils de mordre ou de ruer. C'eſt lorſqu'ils parviennent à s'échapper, qu'ils ſe battent avec fureur. Il arriva la même choſe à ces hommes encore flétris de leurs fers. Le retour de la liberté ramena parmi eux les conteſtations. A peine eurent-ils un coin de terre dont ils purent ſe dire poſſeſſeurs, qu'il fallut ou le défendre, ou le diſputer. Il fallut donc auſſi établir des Modérateurs pour les ſéparer, des Juges, qui en examinant les droits des combattans, puſſent terminer le combat. L'ancien uſage de plaider avec l'épée, ſubſiſtoit toujours : mais il s'affoibliſſoit. Les Vilains avoient encore l'ame & les mains peu guerrieres, d'ailleurs dans ces duels judiciaires, on ne leur permettoit que des armes humiliantes ; ils ne pouvoient que s'aſſommer à coups de bâton, tandis que les Prud'hommes ſe découpoient le corps avec des coutelas ; les premiers préférerent donc

donc une maniere plus paisible d'éclaircir leurs droits.

C'est vraiment ici qu'on trouve l'origine de nos Tribunaux, * tels qu'ils sont aujourd'hui, de ces cascades de Jurisdictions, qui de chûte en chûte traînent les plaideurs dans un gouffre, où très-peu ont le bonheur de n'être pas engloutis. C'est ce que nous allons voir; nous chercherons après, si ce n'est pas aussi delà que vient cette multitude de Loix toujours incertaines, qui ne semblent indiquer un chemin à la Justice, que pour l'empêcher de trouver celui qu'elle cherche.

Les premiers procès entre les Vilains affran-

* Je prie de voir dans Loiseau, dit *M*, quelle est la maniere dont il suppose que les Seigneurs procéderent pour former & usurper leurs diverses Justices. Moi je prie de voir dans *M*, Livre 30, Chapitre 17, ce qu'il substitue au systême de Loiseau. C'est dans ce Chapitre qu'on trouve ces mots: *Chez les Germains, à la différence de tous les autres Peuples, la Justice se rendoit pour protéger le criminel, contre celui qu'il avoit offensé.* Si un pareil passage se trouvoit malheureusement chez quelque critique de *M*, il deviendroit une source de plaisanteries, ou le fondement des reproches les plus aigres. Mais dans l'Esprit des Loix il se fait admirer. Le vernis dogmatice & sententieux dont il est couvert, éblouit; & dans cette occasion, comme dans beaucoup d'autres, la singularité des idées leur tient lieu de justesse.

chis, ſe porterent naturellement devant les Seigneurs de Fiefs ou leurs Officiers. C'étoit la ſeule autorité exiſtente, la ſeule puiſſance immédiate, la ſeule ſenſible à ces Payſans ou Bourgeois, que l'habitude de la craindre accoutumoit à la reſpecter. Avant que le pouvoir Royal eut établi des Tribunaux, l'occaſion, le conſentement tacite des Peuples en avoit érigé aux poſſeſſeurs de Terres. Chacun d'eux ſe trouva Juge, & ſeul Juge ſur ſa Terre.

Voilà inconteſtablement, ſi je ne me trompe, l'époque des Juſtices Seigneuriales bien marquée. C'eſt ſans doute ce qu'ont voulu dire les Juriſconſultes, qui ont avancé que le Fief étoit ſéparé de la Juſtice : on n'en ſçauroit douter, puiſque l'un a très-longtems exiſté ſans l'autre. Le Fief étoit fondé ſur le droit de la conquête ou de l'uſurpation, ce qui ſe reſſemble aſſez. La Juſtice l'étoit ſur la tolérance des Peuples, quand ils en eurent beſoin. *M.* penſe le contraire. Il croit que le droit de mener les hommes au combat pendant la guerre, fut toujours accompagné de celui de les juger pendant la paix. Cela ſe vit longtems à Rome & dans ſon Empire, mais non pas dans la Gaule devenue France. On ne ceſſa pas de s'y battre : ainſi il fallut toujours des Chefs à la tête des Soldats, &

c'eſt ce qui conſtitua les Fiefs. Mais le Peuple fut des ſiécles ſans connoître les procès. Il n'y fallut donc pas de Juges pour lui. Quand enſuite il connut la malheureuſe néceſſité de plaider, il s'accorda à ſe préſenter devant la Puiſſance qui frappoit d'abord ſes yeux, comme des Voyageurs vont ſe répoſer à l'ombre du premier arbre qu'ils rencontrent. Les Seigneurs de Fiefs n'étoient pas Juges par eux-mêmes : mais ils le devinrent, parce qu'il n'y en avoit pas d'autres. Quand ils eurent ſenti la nobleſſe & l'utilité de ce droit, ils ſe l'appropriérent excluſivement. Ils s'attacherent à le faire regarder comme inſéparable de leurs autres prérogatives.

L'adminiſtration de la Juſtice étant ainſi fixée par des convenances particulieres, ſans aucun réglement général, on ne tarda pas à entendre de grandes plaintes. Les Seigneurs ou leurs repréſentans avoient des paſſions. Ils faiſoient des injuſtices. Lors même que la Sentence étoit équitable, le plaideur condamné avoit intérêt de n'en rien croire. Il falloit donc ou lui donner une reſſource qui pût lui ſervir de barriére contre la prévarication, s'il y en avoit, ou s'il n'y en avoit pas, le réduire au ſilence, par un ſecond Arrêt ſemblable au premier.

D'ailleurs, quand deux Habitans de Terres ou de Villes différentes avoient des démêlés, il falloit bien décider par quel Seigneur ils seroient jugés. La compétence n'étant point déterminée, engendroit des haines, des tracasseries entre les grands, tandis que les affaires des petits languissoient. Il falloit bien établir une autorité supérieure, au moins pour cet objet. C'est ce qui se fit dans le tems même des Croisades, tems qui cadre parfaitement, comme on voit, avec la naissance de la liberté. On établit pour les Terres du Domaine Royal direct, quatre grands Bailliages, qui connoissoient en seconde Instance de tous les Arrêts rendus au nom des Seigneurs ses Vassaux, & jugeoient même en premier ressort, lorsqu'il y avoit conflit de Jurisdiction.

Ce fut sous S. Louis que ces Tribunaux reçurent leur plus grand lustre. Il faut observer que ce Roi, plus grand Prince encore que grand Saint, présidoit lui-même au Jugement, comme les anciens Césars, & que les affaires n'en alloient pas plus mal. Il suivoit en cela la Coutume immémoriale des Romains, qui, comme je l'ai dit, avoient réuni l'administration du pouvoir civil, comme du pouvoir militaire, dans les mêmes mains. *M.* prétend que la présence du Prince dans les Jugemens, a quelque chose de tyrannique. * Il en voit résulter des dangers & des abus énormes. Il y auroit mille réfléxions à faire sur le peu qu'il en dit. Mais j'aurois peur que tant d'attachement à le contrarier en tout, ne me fit soupçonner d'une animosité que je n'ai point. D'ailleurs cet article n'est pas précisément de mon sujet.

Les quatre Bailliages établis au douziéme siécle, suffisoient alors. 1°. L'affranchissement n'étoit pas encore général, ni par conséquent les procès bien nombreux, en proportion de ce qu'ils devinrent dans la suite. 2°. Les grands Vassaux de la Couronne ne reconnoissoient pas cette nouvelle Jurisdiction. Plusieurs en établissoient chez eux de pareilles : mais l'idée toujours subsistante de Vassalité, les empêchoit d'y attacher l'autorité suprême dans tous les cas. On continua donc toujours pour les affaires importantes, à se présenter devant le Parlement, † qui conserva aussi la coutume de ne s'assembler que peu de jours pendant l'année. Quand les affranchissemens furent devenus presque universels, les contestations s'éléverent bien

* Voyez Livre 6, Article 5.

† Voyez l'Histoire de S. Louis. On venoit plaider devant lui du fonds de la Lorraine, quoiqu'il n'eut aucun droit sur cette Province.

plus fréquemment. Cette Cour se trouva excédée de la multitude d'affaires qui lui revenoient. Les plaideurs ne l'étoient pas moins des frais où les engageoit la nécessité de suivre une Cour ambulante, & la difficulté d'obtenir un Arrêt pendant le petit espace de sa durée.

Ce fut ce qui détermina en 1302, * Philippe le Bel à rendre le Parlement sédentaire. Il en fixa d'abord un à Paris, regardé depuis longtems comme la Capitale du Royaume, quoique les Rois n'y résidassent pas toujours. Ce fut le premier Tribunal établi nommément pour connoître des disputes particulieres entre Citoyens. Il n'eut point d'autre fonction que de s'employer à les terminer. L'ancien Parlement composé des plus grands Seigneurs du Royaume, considérables par leurs Fiefs & par leur indépendance, entroit pour beaucoup dans l'administration générale. Le nouveau composé d'Officiers Privés, qui n'avoient d'autre distinction que leur titre, n'eut point les mêmes prérogatives. On lui attribua dès-lors toute l'autorité dont il jouit aujourd'hui, au droit de *remontrance* près, que le tems, les circonstances

* Quelques Sçavans reculent de plusieurs années cet établissement.

lui ont acquis, & que l'intérêt de l'Etat demande qu'on lui conserve.

Il est si vrai que la multitude des affaires provenues de celle des affranchissemens, nécessita l'érection de ce Tribunal, que Philippe le Bel, en créant celui de Paris, en fit autant à Toulouse pour le Languedoc, à Rouen pour la Normandie. Ces Provinces étoient nouvellement réunies au Domaine de la Couronne. La politique des Rois y facilitoit aux Vilains la sortie de l'esclavage, pour affoiblir les Barons. Les autres Provinces encore soumises à leurs Seigneurs particuliers, avoient moins besoin de sauve-gardes contre les abus de la liberté, parce qu'elle y étoit moins commune.

Bientôt vinrent les guerres malheureuses contre les Anglois. Plusieurs Rois François, consécutifs, furent couverts de honte par ces redoutables ennemis. Le sage Charles V. répara les pertes & les infortunes de ses Prédécesseurs. Mais son Fils, imbécile & furieux, les surpassa toutes. La démence de Charles VI, & les trahisons de ses Oncles, livrerent la Patrie à des Etrangers. On vit un Anglois sacré Roi de France dans Paris. *

* Henri VI, sacré dans Notre-Dame à l'âge de dix ans. il n'eut guére dans sa vie que ce moment-là de glorieux. Tout le reste fut une suite de revers & de malheurs, terminée par une fin non moins funeste.

Un François dans un autre siécle l'avoit été d'Angleterre au milieu de Londres: * Mais il y a une destinée pour les faits comme pour les hommes. On s'est souvenu du sacre de Paris : on a oublié celui de Londres.

Ces tems malheureux de trouble & d'anarchie, où les hommes puissans se servoient des foibles pour renverser les Loix générales, n'étoient guere propres pour en établir de particulieres. Aussi vit-on languir la Justice & ses Interprétes. Ils resterent dans le silence, tant que la fureur & les Soldats eurent seuls le droit de se faire écouter. Mais de tant de malheurs éclatans, il résulta un bien secret. Ces guerres civiles qui tranchoient tous les liens respectés des hommes, couperent aussi celui de l'esclavage, qui étoit en horreur. Les Serfs employés si longtems à désoler leur Pays, retirerent au moins du sang qu'ils avoient versé, l'avantage de se voir indépendans.

Ce fut parce que la France avoit été durant cent ans pleine de Soldats, qu'elle n'eut que des Habitans libres, quand Charles VII. & la fameuse Pucelle l'eurent reconquise.

* Louis VIII, Fils de Philippe Auguste, Père de S. Louis. Il fut solemnellement reconnu Roi d'Angleterre. Il en porta quelque tems la Couronne, mais la trahison d'un Pape, & la légéreté de la Nation, l'en priverent.

Depuis ce moment elle jouit dans l'intérieur d'un calme inaltérable, jusqu'à celui où des querelles de religion substituées à des querelles politiques, y introduisirent de nouveaux troubles, plus cruels & plus déplorables que les précédens.

Ce fut dans cet intervalle qu'on acheva de donner dans le Royaume une forme fixe à l'administration de la Justice. On voit les Parlemens se suivre avec rapidité. Le commerce, fruit de la liberté & de la paix, en ramenant l'abondance, multiplioit les objets de discussion. Il falloit donc aussi multiplier les Tribunaux, chargés de les vuider. Et c'est ce qui arriva. Celui de Grenoble est érigé en 1453, celui de Bordeaux en 1462, celui de Dijon en 1476, celui d'Aix en 1501. On sortoit d'un cahos pénible. On songeoit à prendre des précautions pour s'empêcher de retomber dans un autre au moins aussi dangereux. Mais les institutions humaines sont rarement parfaites. Ces précautions prises contre le désordre, se trouverent bientôt propres à le favoriser, comme on voit dans les cérémonies publiques, le Peuple pénétrer dans l'enceinte dont on veut l'exclure, à la faveur des barrieres mêmes qui lui en défendent l'entrée.

On n'avoit point ôté aux petits Seigneurs

particuliers le droit de juger les contestations qui survenoient entre leurs Vassaux, autrefois leurs Esclaves. Les Bailliages Royaux destinés à veiller sur leur conduite, à rectifier leurs Arrêts, subsistoient toujours. Les grands propriétaires de Fiefs en avoient établi dans leurs dépendances. Il s'étoit aussi formé des Bailliages Seigneuriaux, ou des Sénéchaussées générales, qui dans chaque district jouissoient de la suprême autorité, du moins dans les cas qui ne méritoient point d'être portés à l'ancienne Cour du Parlement. C'étoient des Tribunaux souverains qui occupoient la premiere place. La création des nouveaux Parlemens les mit à la seconde. L'intention des Rois en érigeant ceux-ci, étoit évidemment de soulager leurs Sujets, de leur assurer le moyen d'obtenir la Justice, & non pas de l'acheter par des délais, de rendre les Sentences plus promptes & plus faciles.

Il arriva tout le contraire. Par les nouveaux établissemens, on n'ôtoit aux anciens que la Souveraineté. On n'osa, ou on ne pensa pas à supprimer les petites Jurisdictions qui saisissoient les querelles à la source, sans les terminer, ou les Tribunaux intermédiaires, à qui l'on ôtoit désormais le droit de les faire finir. Faute de cette suppression, en voulant hâter la marche de la Juſtice, on la rallentit. On croyoit la rapprocher des Citoyens, & il ſe trouva qu'on l'en éloignoit.

Ce ne fut pas tout. Philippe le Bel en créant pendant ſon Régne trois Parlemens, leur diſtribua tout ſon Royaume. Il donna le Languedoc à celui de Toulouſe, la Normandie à celui de Rouen. Celui de Paris, le plus reſpectable, le premier héritier, & preſque le ſucceſſeur des vrais Parlemens de la Nation, fut mieux partagé. L'Anjou, le Poitou, le Berri, l'Auvergne, lui furent attribués, comme la Picardie & l'Iſle de France, qui ſe trouvoient à ſa portée. On ne ſongea pas que l'étendue de ces Attributions, honorable pour les Juges, n'étoit qu'onéreuſe pour les plaideurs. Il n'y avoit aucun Réglement qui fixât ou devoit finir l'autorité des petites Juriſdictions Provinciales. Le droit de rendre un Arrêt définitif dans tous les cas, parut donc appartenir aux ſeules Cours ſupérieures. Il fallut donc venir à Paris faire décider la légitimité du moindre billet fait à Angers. On ne pût pas répéter à Coutances le loyer d'une maiſon, ſans avoir un Arrêt de Rouen. La déciſion qu'on trouvoit auparavant près de chez ſoi, il fallut l'aller chercher à cent lieues, & la ſeule dépenſe du voyage, ſurpaſſa ſouvent l'objet conteſté.

Si cet inconvénient ne fut pas ſenſible tout d'abord, je ne ſçais s'il faut en faire honneur à la ſageſſe de nos Pères. Peut-être plaidoient-ils moins : peut-être crut-on leur en ôter le goût, en augmentant les frais néceſſaires pour s'y livrer. Ç'auroit été vouloir faire reculer des Frénétiques par la vûe d'un abîme. On ne tarda pas à ſentir que ce foible obſtacle étoit inutile pour arrêter les puiſſans qui le franchiſſoient, & dangereux pour les foibles qui venoient s'y engloutir. Il fallut donc chercher un autre remède. Ne pouvant arrêter le cours des procès qui s'augmentoient de jour en jour, on ſongea aux moyens de les terminer plus promptement.

Mais aux guerres contre les Anglois, ſuccéderent celles d'Italie, moins dangereuſes pour l'Etat, & preſque auſſi funeſtes pour les Particuliers. Charles VIII, Louis XII, François Premier, prodiguérent de l'autre côté des Alpes leurs tréſors, leur propre ſang, celui de leurs Sujets ; ils allerent conquérir & perdre avec rapidité des Royaumes éloignés. Ces expéditions auſſi coûteuſes qu'inutiles, les longues & fréquentes abſences des Souverains, les empêcherent de donner toute l'attention néceſſaire à l'adminiſtration intérieure, & le déſordre y redoubla.

Enfin Henri II, abſolu & malheureux

comme ſes Prédéceſſeurs, mais plus ſédentaire qu'eux, fut averti par la grandeur du mal, de la néceſſité d'y remédier. Il s'occupa ſérieuſement du projet de fixer dans les Provinces pluſieurs Siéges, qui puſſent y terminer les procès. Il voulut ne laiſſer aux Cours ſupérieures, ſuivant l'eſprit de leur inſtitution, que l'embarras des grandes Cauſes, & l'inſpection ſur les Tribunaux ſubalternes, qu'il deſtinoit à vuider en dernier reſſort, mais avec moins de frais, les affaires de moindre importance. Ce fut là le vrai motif de l'Edit qui créa en 1551 les Préſidiaux dans toutes les Villes un peu conſidérables du Royaume.

On leur donne pourtant une autre origine. C'étoit, dit-on, le beſoin d'argent qui fit imaginer cette reſſource. N'oſant établir de nouveaux impôts, & trouvant plus facile la méthode nouvellement introduite, de la vénalité des Charges, on créa des Offices, avec l'apparence de l'honneur & du pouvoir. On étoit ſi preſſé de les vendre, qu'on n'attendit pas même qu'il ſe préſentât des Sujets. On obligea les Villes de les acheter, & de les payer en gros, en leur permettant de les revendre en détail. * Or, ajoute-t-on, des éta-

* On peut en trouver les preuves dans les Archives de pluſieurs Villes ; il y en a même eu quelques-

bliſſemens ainſi formés, ne paroiſſent ni bien néceſſaires dans leur principe, ni bien nobles dans leurs moyens.

Il y a du vrai dans ces réfléxions. Il eſt probable que le Conſeil de Henri II, en vendant les Offices des Préſidiaux, fut flaté de l'argent qui pouvoit en revenir. Mais il ne fit en cela que tirer parti d'un établiſſement néceſſaire par lui-même, & devenu indiſpenſable. On avoit beſoin d'argent. On ne créa point les Préſidiaux pour s'en procurer. On profita ſeulement de la néceſſité où l'on étoit de les créer, pour aſſurer au Roi quelques ſecours. Si l'on en doutoit, on peut s'en aſſurer par la lecture du préambule de l'Edit. * On y verra bien clairement l'aveu de la néceſſité où l'on ſe trouvoit de ſoulager les Cours ſupérieures, de faciliter la déciſion des affaires, & de ménager aux Citoyens une partie des frais où l'ancienne forme de la Juſtice les engageoit, ſans qu'ils puſſent l'éviter. Je ſçais bien que dans ces ſortes de piéces les beaux prétextes ne ſont dûs ſouvent qu'à l'art de ceux qui les compoſent. Mais on ne ſçauroit dire que ceux qu'employoit le Roi dans

unes qui n'ont point revendu ces Charges, & qui n'ont point encore de Préſidiaux.

* Voyez l'Edit de 1551, portant création des Préſidiaux.

ſon Edit, fuſſent imaginaires. On voit bien que ce n'eſt point là le langage d'un Commis payé pour arranger de grands termes. On y découvre un Prince bien inſtruit des maux réels qu'il ſe propoſoit de guérir. Malheureuſement il ne fit que la moitié de ce qu'il devoit faire. Il ne ſuffiſoit pas d'avoir créé des Juges. Il falloit les mettre en état de juger ſans contradiction. Ce n'étoit pas aſſez de leur attribuer des titres & du pouvoir dans leurs proviſions, il falloit qu'ils puſſent en jouir ſur le Siége où on leur permettoit de s'aſſeoir. Il falloit que les bornes en fuſſent marquées de façon à n'être pas confondues; & que le tems même ne pût pas les déplacer. Il falloit encore à des Charges faites pour en impoſer au Peuple, joindre quelques marques de conſidération extérieure, afin que celui-ci ne ſe perſuadât point que des hommes créés ſes Magiſtrats, n'étoient que ſes égaux. C'eſt ce qu'on ne fit point. On n'eut aucune attention ni à ſoutenir, ni à décorer les Tribunaux de la nouvelle création, où les efforts qu'on fit pour cela, furent ſi foibles, qu'ils devinrent bientôt inutiles. On laiſſa peu à peu les Juges des Préſidiaux perdre toute leur Juriſdiction. On ſouffrit que le Peuple s'accoutumât à regarder ces Offices avec indifférence, ou même avec mépris,

On força les Propriétaires à n'y voir que des titres onéreux. Par-là on amena la décadence des Tribunaux les plus respectables de la Nation, après les Cours Souveraines, * & les plus faits pour y maintenir l'ordre & la tranquillité. Je vais traiter chacun de ces articles avec quelque détail.

Premiere cause de la décadence des Présidiaux. Jalousie des Cours Supérieures.

J'ai dit qu'après les Cours Souveraines, les Présidiaux étoient les Tribunaux les plus respectables qu'il y eut dans la Nation. Si quelque chose peut concilier à un établisse-

* J'espére que personne ne confondra ce que je dis ici des Cours Souveraines, avec ces trois Commissions établies de nos jours par les Fermiers-Généraux, & qui s'occupent avec succès à noyer la contrebande dans le sang de nos Compatriotes, Sujets comme nous d'un Roi plein de bonté. Ces établissement là sont d'un genre différent de tout ce qui se voit dans l'univers. C'est l'affront le plus cruel qu'on ait jamais fait à la Justice, dans un Royaume policé; c'est un poignard que le Gouvernement s'est placé lui-même au près du cœur, & qui fait couler tout son sang par des plaies secretes, mais réitérées. Le tems viendra sans doute où il ouvrira les yeux; alors il écartera avec effroi une arme terrible, dont les coups deviennent de jour en jour plus sûrs & plus dangereux.

ment

ment le respect & l'amour des Peuples, c'est sans doute son utilité, sa nécessité, la supériorité du pouvoir dont il émane. Tout cela se trouve au plus haut dégré dans les Présidiaux. Ils sont utiles & nécessaires: je crois l'avoir démontré: j'ai tiré mes preuves des faits: les raisonnemens ne feroient que les affoiblir. Ils émanent du seul pouvoir réel qui existe dans la Monarchie. Ils ont avec les autres Cours, avec les Parlemens, une origine commune, l'autorité, la confiance du Monarque. Si l'ancienneté étoit un titre, ils pourroient encore la reclamer: car enfin ils sont beaucoup plus anciens que plusieurs Parlemens, qui ne remontent pas plus haut que le dernier siécle.

Ce que j'ai dit de ces Jurisdictions, semble donc incontestable: mais il ne l'a point paru aux Jurisdictions supérieures, qui dès le commencement écouterent bien plus l'esprit de corps, que le bien général de la Patrie. Les Compagnies les plus sages sont sujettes à ces sortes de surprises. Elles n'apperçurent point dans la création des Présidiaux le soulagement des Peuples: elles n'y virent que la lésion apparente de leurs droits Elles crurent leur pouvoir blessé, parce qu'il paroissoit restraint. On ne démembroit pourtant point leur ressort. On ne touchoit point à leur Souveraineté. Mais elles souffrirent impatiemment qu'on en détournât l'application sur un moindre nombre d'objets. Des Adjoints soumis qu'on leur donnoit pour les soulager, leur parurent des ennemis secrets, & comme des rivaux incommodes qu'il falloit écarter. Elles devoient protéger des Magistrats destinés à soutenir comme elles, quoiqu'avec moins d'éclat, la gloire de la Magistrature : elles ne leur firent éprouver que l'opposition la plus vive & la plus constante.

Elle fut portée si loin, qu'en plusieurs endroits les premiers Conseillers pourvûs ne purent point entrer en exercice. * Il fallut un nouvel Edit, pour en installer d'autres. Dans les lieux même où on ne troubla point leur prise de possession, on trouva moyen d'en éluder l'exercice par des chicanes, des détours qui l'annéantissoient. C'est ce qu'on peut voir par l'Edit de *1566*, donné par Henri II, renouvellé depuis par Louis XV, † & dont les dispositions, quoique sages, constatent d'un côté l'aversion des Parlemens pour des Tribunaux qui leur paroissoient des espéces de rebelles, & de l'autre le peu de précaution que le Gouvernement avoit pris

* On en trouve aussi les preuves dans les Archives de ces mêmes Villes, dont j'ai déjà parlé.

† Voyez pages 441 & 442, du Traité des Présidiaux, par M.... Conseiller à Orléans, ou pag. 461 de la 2e édition

contre des préjugés qu'il falloit commencer par éteindre, afin de s'épargner la peine de les combattre.

De cette antipathie entre deux Corps du même ordre, nâquit, comme il étoit naturel, l'affoibliſſement, l'humiliation du moins puiſſant. Le Supérieur toujours attentif à maintenir ſa prééminence, regardoit comme un affront pour lui, tous les pas que ſon prétendu rival auroit pû faire pour s'élever. L'inférieur traverſé, avili à la ſollicitation de ceux mêmes qui auroient dû appuyer ſa foibleſſe, ne pouvoit que pouſſer des plaintes impuiſſantes; l'éloignement ne permettoit pas au Gouvernement de les entendre. C'eſt trop exactement ce qui eſt arrivé. Chaque fois que les Préſidiaux ont fait quelque effort pour ſortir de l'engourdiſſement mortel où ils ſe ſentoient tomber, les Cours Souveraines ſe ſont fait un plaiſir de les y replonger. * On détournoit l'attention des Miniſtres: on diminuoit les avantages: on groſſiſſoit les inconvéniens. A force de multiplier les obſta-

* Les preuves n'en ſont pas bien éloignées. Tout nouvellement les Préſidiaux ont fait une tentative pour parvenir à recouvrer une partie des droits qui leur ſont dûs. Ils ont preſque tous fait à ce ſujet des Mémoires qui paroiſſent étouffés, & il n'eſt pas difficile d'en pénétrer la cauſe.

cles, on parvenoit à les faire paroître insurmontables. Enfin, soit négligence, soit foiblesse, soit ennui, le Gouvernement éloignoit des objets épineux, dont on lui déroboit l'importance. On laissoit les choses dans le même état, parce qu'on craignoit l'effort nécessaire pour y introduire un changement utile.

Voilà ce que la raison & l'expérience ont appris aux Membres de ces Tribunaux trop dégradés ; leur chute amenée par un dépérissement insensible, paroît aujourd'hui s'accélérer avec rapidité. Tout l'annonce, & la cause que je viens de développer, rendra peut-être toujours inutiles les moyens qu'on pourroit vouloir prendre pour l'arrêter.

Seconde cause de la décadence des Présidiaux. Evocations trop fréquentes, Committimus trop nombreux.

Dans la disposition où nous avons représenté les Parlemens, à l'égard des Présidiaux, on devine sans peine que les Committimus &c. dûrent trouver dans les premiers des protecteurs zélés. Il ne s'agit pas ici d'examiner l'origine des Committimus, leur injustice, & leurs inconvéniens. Je ferois voir aisément que ces privilèges doivent presque tous leur naiſſance à la foibleſſe des Rois, ou à la tyrannie de leurs Miniſtres. Je prouverois que s'il y en a eu quelques-uns d'accordés avec ſageſſe, ils ſont en très-petit nombre, & que même les raiſons qui les motivoient, ne ſubſiſtent plus. Je démontrerois qu'ils choquent également la raiſon, la Juſtice, & tous les droits connus parmi les hommes, que c'eſt une arme redoutable donnée à la richeſſe qui opprime, contre l'indigence opprimée. Je développerois ma ſurpriſe ſur la contradiction évidente qu'ils occaſionnent dans les Parlemens, où une Chambre réputée Souveraine dans les affaires les plus importantes, n'a pas le droit de juger ſouverainement dans les moindres bagatelles. Mais ce n'eſt pas ſous ce point de vûe que je les enviſage aujourd'hui. Je ne les conſidére que relativement au tort qu'en reçoivent les Préſidiaux, qui ſont par-là privés d'une foule d'affaires, dont ils ſont les Juges naturels.

Un plaiſant ne manqueroit pas ici d'exercer ſon talent pour la ſatyre. Il regarderoit les plaideurs comme des brebis, dont pluſieurs loups ſe diſputent la peau. Il riroit d'entendre des Juges ſe plaindre qu'on ne les laiſſe point aſſez juger : il leur demanderoit quel agrément ils trouvent à entendre bavarder pendant deux heures un Avocat très-peu éloquent, & à rendre ensuite une Sentence, dont on interjette appel sous leurs yeux.

Ce plaisant pourroit bien avoir raison à quelques égards. Mais le ridicule qu'il trouveroit dans la Judicature, est inséparable de toutes les occupations des hommes, en les regardant d'un certain côté. Que diroit-on souvent d'un Général d'Armée, d'un Ministre, d'un grand Négociateur, si l'on examinoit bien à fonds les causes qui font réussir leurs démarches, ou les passions qui les dirigent, ou les moyens qui les font échouer? Toutes nos actions ressemblent à ces masques des Anciens, qui, dit-on, représentoient d'un côté la joie, & de l'autre la douleur. La noblesse ou l'indécence qu'on leur suppose, dépend presque toujours de la façon de les envisager. Je ne m'arrête donc point à cette idée. Je n'en pense pas moins que les Présidiaux sont fondés à vouloir beaucoup juger, & par conséquent à se plaindre des Committimus qui leur en ôtent les occasions.

Quand un Laboureur s'établit dans une Ferme avec un gros équipage, qu'il achete des chevaux, qu'il loue des Domestiques, qu'il fait des marchés avec un Charron, un Bourrelier, &c. on suppose qu'il va se charger d'un labour considérable. S'il se trouvoit ensuite qu'il n'eût à labourer que deux ou trois arpens, & qu'il entretint pendant toute l'année ses Valets à rien faire, ce Laboureur passeroit avec raison pour un fou ; on s'en moqueroit publiquement. Il deviendroit en peu de tems la Fable de son Village. Qu'a-t-on fait cependant en France dans l'érection des Présidiaux ?

On en établit tout d'un coup cent dans le Royaume. Voilà par conséquent 15 ou 16 cens Magistrats chargés avec authenticité du dépôt des Loix. C'est le plus énorme équipage de Justice qu'on ait peut-être levé dans aucun Pays. Quel en sera le fruit ? A quoi va-t-il servir ? C'est bien-là qu'on peut appliquer le *Parturient Montes*, &c. Qui croiroit que des Juges créés avec tant d'appareil, dont l'établissement semble occasionné par des vûes si utiles & si sages, seront placés sur leurs siéges comme des Statues, destinées uniquement à le remplir, & privées d'organes pour entendre ou pour parler ?

Le moindre prétexte suffira pour décliner leur Jurisdiction. Si l'on veut bien consentir à paroître devant eux sur des objets même très-peu considérables, ce sera pour leur donner sur le champ un démenti, en leur faisant sentir qu'ils ne sont que des subalternes très - subordonnés. Souvent les discussions quelles qu'elles ſoient, ne parviennent point jusqu'à eux. Les avenues ſont occupées par une foule de petits Tribunaux, qui les guettent & les ſaiſiſſent au paſſage. Les malheureux *Conſeillers du Roi*, garotés ſur leurs banęs, n'ont point la force d'arrêter les brigandages de ces Corſaires, qui s'en croyent indépendans, & pour le moins leurs égaux. Ils n'ont pas non plus le poids néceſſaire pour faire valoir leur bonne volonté, & montrer aux Citoyens que c'eſt à leurs pieds ſeuls que peut ſe trouver l'ordre, la Juſtice, la tranquillité dans les Provinces.

Il n'y a rien de ſi conſidéré qu'un Magiſtrat, quand il lui eſt permis d'agir. Les Loix dont la majeſté l'entoure, l'idée impoſante de la Juſtice, dont il eſt le dépoſitaire, impriment aux Peuples une ſoumiſſion reſpectueuſe. Tous les ordres de l'Etat fléchiſſent devant lui. Ils rendent volontiers hommage à un pouvoir dont l'exercice entretient la vigueur & la néceſſité. Mais auſſi il n'y a rien de ſi ridicule qu'un Magiſtrat ſans fonction, qui paré d'un titre & d'une robe également inutiles, ne peut ni effrayer l'audace, par la crainte d'un châtiment dont on voit qu'il n'eſt pas le maître, ni raſſurer la vertu par une protection dont on ſe moque, parce qu'on ſçait qu'elle eſt impuiſſante. Voilà pourtant l'état où se trouvent réduits les Présidiaux, d'abord par les Committimus, & ensuite par deux autres causes dont je vais parler successivement.

Troisiéme cause de la décadence des Présidiaux. Défaut de la suppression des Justices Seigneuriales.

J'ai été bien surpris de trouver dans l'Esprit des Loix, un passage où l'Auteur se déclare fortement en faveur des Justices Seigneuriales; *il y a des gens*, dit-il, * *qui avoient imaginé dans quelques Etats en Europe, d'abolir toutes les Justices des Seigneurs. Ils ne voyoient pas qu'ils vouloient faire ce que le Parlement d'Angleterre a fait. Abolissez dans une Monarchie les prérogatives des Seigneurs, du Clergé, de la Noblesse & des Villes, vous aurez bientôt un Etat populaire, ou un Etat despotique.*

Les prérogatives de la Noblesse & du Clergé, peuvent effectivement contribuer au maintien de la Monarchie, mais elles ne font que des Sujets qualifiés; elles leur assurent des distinctions, sans leur donner, & sans devoir leur donner aucune puissance en

* Voyez Livre 2, Article 4.

particulier. J'ignore quelles raiſons a eu *M*, pour les confondre avec l'adminiſtration de la Juſtice, qui dans tout état policé, & ſurtout dans une Monarchie, par les principes de *M.* lui-même, ne doit être confiée qu'à des Corps rarement capables d'en abuſer, & qui formant entre tous les ordres une eſpéce d'ordre mitoyen, garantiſſent à la fois les uns de l'oppreſſion, & les autres de l'abaiſſement. J'ai déjà dit que je n'aimois pas les longues diſcuſſions. Je cherche ſurtout les faits : c'eſt la regle la plus ſûre pour juger. C'eſt d'après eux que je veux me décider ſur la néceſſité des Juſtices Seigneuriales.

M. les regarde comme le fondement du Trône. Il le croiroit prêt à s'écrouler ſans cet appui. Pour ſçavoir à quoi s'en tenir, il eſt bon de connoître au juſte de quoi il s'agit. Il faut bien s'inſtruire avant que de ſe hazarder à ne pas penſer comme *M.* Il faut examiner à fonds ce que ſont ces Tribunaux, qu'il croit ſi néceſſaires à la gloire de la Couronne.

Les Juſtices Seigneuriales ſont exercées ordinairement par des Payſans très-intelligens, très-reſpectables, quand ils dirigent une charrue, mais peu faits, ce ſemble, pour devenir les organes de Thémis. On ne va point les trouver, quand on a beſoin d'eux.

On les fait venir. Ce procédé n'eſt pas reſpectueux, mais il eſt commode pour les Parties, & le Juge ne s'en formaliſe point. Comme les Salles d'Audience ſont rares au Village, & que le Juge eſt crotté en y arrivant, il s'arrête au Cabaret. C'eſt-là qu'il établit ſon Siége. Il eſt alteré auſſi, & il boit. Il boit encore avant que d'écouter la plaidoirie. Il fait boire le Procureur Fiſcal, le Greffier, & les Plaideurs même, s'ils en ont envie ; il ne s'inquiéte jamais de l'écot, parce qu'il ſçait bien que ce n'eſt pas lui qui le payera.

Ce n'eſt pas tout, par délicateſſe, ou pour ſa ſûreté, il ne ſe charge pas de décider lui-même. Il veut juger d'après une Conſultation de quelque Avocat de la Ville prochaine. Il va le trouver, & comme on le croit, ce n'eſt point à ſes dépens. Les Parties ont donc à payer le voyage du Bailli, les bouteilles du Cabaret, la Conſultation du Conſeil, & au bout de tout cela, elles n'ont pas même un commencement de Sentence.

Quelquefois ce n'eſt point à un Payſan qu'un Seigneur défére le titre glorieux de Bailli. C'eſt à un Avocat, Licentié ès Loix, qu'il choiſit ſouvent dans une Ville éloignée. L'inconvénient eſt à peu près le même. Le Jugement du Licentié, n'eſt ni moins coûteux à obtenir, ni moins inutile que celui du Magiſtrat ruſtique. Le premier ne ſe tranſporte guére dans ſon Bailliage, que pour y jouir avec honneur du droit de chaſſe, quand la S. Louis eſt venu faire treve à ſes travaux éloquens, & que la Veuve & l'Orphelin ne reclament plus ſa protection. Le reſte du tems il laiſſe au Procureur Fiſcal l'embarras d'inſtruire les conteſtations, quand il s'en éleve. Il ſe fait apporter chez lui le rapport, pour en décider, ce qui néceſſite les voyages des Parties.

S'il veut bien ſe tranſporter lui-même ſur les lieux, il faut le défrayer. C'eſt un Juge plus délicat & plus éclairé, à qui le gros vin du Canton, & la cuiſine du Cabaret, ne ſuffiſent pas. Un Bailli en bottes molles & en chapeau bordé, ne dîne pas avec auſſi peu de frais qu'un Bailli en ſabots & en bonnet rouge. La dépenſe devient donc plus forte pour les Parties, ſans qu'elles en ſoient plus avancées. Je ne parle point des liévres, des perdrix, qui viennent trouver M. l'Avocat à la Ville, & lui recommander la cauſe à laquelle elles s'intéreſſent. Ce ſont des bagatelles dont on ne fait point mention dans les Plaidoyers, & qui ne laiſſent pas quelquefois de charger un peu, un des plats de la balance dans le Jugement. Voilà pour le civil.

Quand au criminel, a-t-on commis un

meurtre ſur la Terre d'un Seigneur, il faut en informer. C'eſt pour cela qu'il eſt permis à M. le Marquis de charger ſes limites de trois énormes piliers, qui annoncent au loin le châtiment des malfaicteurs. Mais en France, ſans argent, on ne peut ni juger, ni être jugé. Il faut payer des témoins. Il faut faire les frais des écritures. Un Greffier à ſatisfaire, des Priſons à réparer, un Geolier à ſoudoyer, un Accuſé à nourrir, tout cela effraye un Seigneur. Il veut bien avoir l'honneur d'une haute Juſtice : mais il ne veut pas qu'il lui en coûte rien pour cette prérogative. Il a donc ſoin en louant ſes biens, de charger les Fermiers de fournir aux frais de tous les procès qui pourront échoir ſur la Terre pendant leur bail. Ceux-ci, qu'une ſeule procédure de cette eſpéce ruineroit entiérement, les redoutent, comme on peut croire. Ils pâliſſent au ſeul nom d'une information, comme à l'apparence d'une forte grêle. Leur grand ſoin eſt, non pas de chercher les moyens d'arrêter le Criminel, mais de lui faciliter ceux de s'échapper.

D'après cet expoſé naif & ſincere, on peut être ſurpris d'entendre *M.* ſe donner pour le Défenſeur de ces Tribunaux onéreux, à ceux qui les poſſédent, & plus encore à ceux qui en dépendent. Il n'y a pas d'apparence que la ſûreté de la Monarchie ſoit attachée à des établiſſemens, qui néceſſitent dans le civil des procédés ridicules, & dans le criminel, l'impunité du crime. On peut douter que l'intérêt & la gloire de la France, exigent qu'il y ait dans les Villages des Juges qui ne ſçachent pas lire, & dans les Châteaux, des Fermiers qui ne craignent rien tant que de ſe voir contraints à exercer le plus beau, le plus honorable de tous les droits. On peut croire qu'il ne réſulteroit aucun inconvénient, ſi l'on ſupprimoit une prérogative dont la Nobleſſe craint de ſe ſervir, ſi à ces Tribunaux indécens, on ſubſtituoit des Compagnies diſtinguées, propres par leurs lumieres, à conſerver ſans altération le dépôt des Loix, & par leur ſage fermeté à les faire reſpecter.

On en avoit le germe dans les Préſidiaux. Nous avons vû comment on fut forcé de les établir. C'étoient des arbres deſtinés à être un jour la conſolation & l'ornement des Provinces. Mais malheureuſement on les planta dans un terrein couvert de ronces & de brouſſailles. Faute de les avoir arrachées, elles ont crû ; elles ſe ſont fortifiées ; elles étouffent aujourd'hui une plantation qui leur faiſoit ombrage. L'opération qu'on n'a point faite à tems, eſt encore poſſible. Elle eſt juſte : elle eſt néceſſaire. La diſpenſation de la Juſtice, eſt le premier devoir des Rois, relativement à leurs Sujets. S'il eſt vrai qu'ils ne puiſſent pas y vaquer eux-mêmes, il faut qu'ils en chargent des hommes ſur qui ils puiſſent s'en repoſer. Or quelle comparaiſon à faire pour confier ce ſoin précieux, entre une multitude de Juges ignorans, iſolés, qui ſont ou des tyrans dangereux, ou des mercenaires avilis, & des Corps compoſés de Membres inſtruits, attachés par honneur & par principe à leurs devoirs, des Corps dont la dégradation forcée, fait gémir tous les bons Citoyens, & dont l'illuſtration répandroit la joie dans tout le Royaume ?

Quatriéme cauſe de la décadence des Préſidiaux. Changement dans la valeur de l'argent.

Les trois cauſes que je viens d'expoſer, ſont le fruit de la mauvaiſe volonté des hommes, ou des abus qu'ils ne ſçavent jamais déraciner. En voici une qui vient uniquement de l'imprudence des Inſtituteurs, & de la légéreté que mettent ſouvent dans leurs procédés, ceux qui ſont chargés des plus importantes fonctions du Gouvernement. Le Conſeil de Henri II, fut frappé de la néceſſité d'établir des Préſidiaux. Il vit clairement qu'il falloit fixer dans les Provinces une autorité capable d'y déterminer le plus grand nombre des procès, & d'épargner aux Plaideurs un déplacement ruineux. Il sentit aussi que dans les affaires importantes, dans celles qui étoient assez considérables pour payer les détours de la chicane, & pour engager l'intérêt à redoubler d'ardeur, en suivant sa proie, il falloit ménager une ressource contre la surprise ou la foiblesse des premiers Juges. Il supposa que les Tribunaux suprêmes étant plus éloignés du lieu où naîtroit la contestation, seroient moins susceptibles de préjugés, quand il faudroit la vuider; que le tems nécessaire pour l'instruction de la cause, faciliteroit la découverte de la vérité, si l'adresse d'un Plaideur avoit réussi d'abord à la cacher. Mais il réserva cet asyle uniquement pour les grandes causes, capables par elles-mêmes de supporter l'augmentation de frais qui en résulte. C'est un axiome très-vrai & très-connu, qu'une courte injustice vaut mieux qu'une justice achetée par des délais.

On ordonna donc avec beaucoup de prudence, que les Présidiaux jugeroient souverainement & sans appel dans certains cas: & que dans les autres, leurs Sentences seroient soumises à la revision des Parlemens. On fixa les sommes à l'égard desquelles ils seroient absolus, à deux cens cinquante liv.

de

de principal, ou dix livres de rente. * L'argent valoit alors environ quatorze livres cinq sols le marc. Mais ce qui est assez singulier, on fixa à cinq cens livres de principal ou vingt livres de rente, celles où leurs Jugemens seroient exécutoires par provision, sauf l'interjection de l'appel. Dans les autres sommes plus considérables, les Juges Présidiaux furent donnés pour Assesseurs au Lieutenant Général de la Sénéchaussée, dont toutes les Sentences étoient & sont encore sujettes à l'appel. Je ne veux point m'arrêter ici à réfléchir sur l'inconséquence de cet assortiment bizarre, qui subordonnoit des Juges quelquefois souverains, à un Juge toujours subalterne. Il auroit été plus raisonnable de réunir les deux Jurisdictions, & de ne faire des Présidiaux & de la Sénéchaussée, qu'un

* Ceci peut fournir une remarque que je ne sçache pas que personne ait encore faite ; on y voit que sous Henri II, l'intérêt de l'argent n'étoit qu'au denier vingt-cinq. En faisant aujourd'hui cette réduction sur laquelle le Ministere paroît tant balancer, nous ne ferions donc que nous remettre au niveau de nos Pères, & détruire un des monumens de la barbarie, de l'indigence où nous réduisirent d'abord les troubles du Calvinisme, & ensuite ceux de la Ligue, plus injustes, plus cruels & plus abominables que les premiers.

même Tribunal, puiſqu'il devoit être rempli par les mêmes perſonnes. Mais en cela, comme preſque en tout, l'uſage le plus abſurde a prévalu. On eſt tout étonné d'entendre à l'Audience un Juge demander s'il doit juger comme Membre du Préſidial, ou de la Sénéchauſſée. C'eſt la ſcene de Maître Jacques, Cuiſinier d'un côté, & Cocher de l'autre. Il ne manque à ces Magiſtrats amphibies, que de changer de robe, quand ils changent de titre, & de ſe mettre en noir, quand ils prononcent au nom du Préſidial, & en couleur de roze, quand ils jugent au nom de la Sénéchauſſée. Le ridicule de cet ajuſtement, répondra parfaitement à celui de leurs fonctions.

Quoiqu'il en ſoit, le Conſeil de Henri II, fixa, comme j'ai dit, à deux cens cinquante livres de principal, ou dix livres de rente, la ſomme que les Juges qu'il créoit pourroient juger ſouverainement. Il ne ſongea point que cette fixation étoit la choſe du monde la plus vague & la moins ſuffiſante. L'argent n'a qu'une valeur indéterminée. Les Princes la changent quand ils veulent. Le pouvoir attribué aux Préſidiaux étant attaché à une valeur changeante, étoit indéterminé comme elle. A tout moment les Juges devoient pour leurs limites, ſe trouver en oppoſition avec les Arrêts de leurs Prédéceſſeurs, avec leurs propres Sentences, avec l'Edit de leur création. Sous le Cardinal de Richelieu, quand le moindre intérêt légal étoit de dix pour cent, en jugeant deux cens cinquante livres de principal, ils jugeoient donc vingt-cinq livres de rente, & ſurpaſſoient leur pouvoir. En s'en tenant à dix livres de rente, ils n'étoient maîtres que de cent livres de principal, & ſe trouvoient fort loin de leurs droits.

Nous n'avons point de monumens qui atteſtent les chicanes que cette variété dangereuſe a dû occaſionner dans les Tribunaux deſtinés à les prévenir : mais on ne ſçauroit douter qu'il n'y en ait eu en foule, & la cauſe en ſubſiſte encore aujourd'hui. Les Préſidiaux ſont lézés en ne jugeant que dix livres de rente, & deux cens cinquante livres de principal, ou ils ſont uſurpateurs en jugeant deux cens cinquante livres de principal, & l'intérêt de douze livres dix ſols, que les Loix permettent d'en tirer. La différence n'eſt pas aſſez ſenſible à préſent, pour favoriſer les ſubtilités de la mauvaiſe foi. Mais ſi l'on fait la réduction projettée de l'intérêt à quatre pour cent, il eſt ſûr que cette ſource funeſte ſe développera avec rapidité ; il en ſera comme de ces côtes baſſes, où les poiſſons voraces n'oſent ſe haſarder, parce qu'il n'y a point aſſez d'eau, mais où ils ſe jettent en foule, quand l'effort du vent, ou celui de la mer, réuſſit à les creuſer.

En ſuppoſant même que l'intérêt de l'argent n'eût point changé & ne changeât plus, ſa valeur fictive s'eſt prodigieuſement augmentée depuis deux ſiécles. Le marc d'argent, qui ne valoit ſous Henri II. que quatorze livres cinq ſols, en vaut aujourd'hui près de cinquante. Comme en tout pays ce ſont les mots qui conduiſent les hommes, & non les choſes, on a toujours ſcrupuleuſement allégué aux Préſidiaux les termes de l'Edit. Vous êtes faits, leur a-t-on dit, pour juger deux cens cinquante livres. Vous les jugez encore, de quoi vous plaignez-vous ?

C'eſt ce même raiſonnement, qui dans toute l'Europe fait eſtimer l'habillement & la vie d'un Héros, environ ſix ſols par jour. Quand ſous François I. on donnoit au Soldat cinq ſols, il vivoit auſſi commodément qu'il peut le faire aujourd'hui avec dix-huit. Il eſt clair que les nôtres, qui croyent recevoir autant que leurs prédéceſſeurs, n'en ont préciſément que le tiers. De toutes les choſes ſurprenantes qui ſe paſſent à la guerre, ce n'eſt pas peut-être là la moins ſurprenante. Les chiens d'une baſſe-cour coûtent plus à nourrir, que les gardiens d'un Empire. Il peut se faire que l'abus du mot avec lequel on trompe tant d'hommes ignorans, soit utile pour les Princes. Il les met en état d'entretenir des Armées plus nombreuses, de livrer des combats plus sanglans, & de prévenir plus aisément les dangers d'une trop grande population. Tout cela sans doute peut se justifier en bonne politique. Il est peut-être nécessaire pour le bien de l'humanité, qu'il y ait tous les dix ans en Europe de ces gros procès où l'on plaide avec des canons, & qui coûtent la vie à un million d'hommes. L'instruction ne s'en feroit pas pas aussi aisément, s'il falloit payer aussi cher que François I, les Huissiers en uniforme qu'on y fait instrumenter.

Mais dans ces petites batailles où l'on ne risque guére que sa fortune, où l'on n'a à craindre d'autres Hussards que les Avocats, les Procureurs, & autres Troupes légeres de la chicane, où le vainqueur perd ordinairement autant que le vaincu, il est intéressant pour l'Etat, que les deux partis puissent se mesurer presque toujours dans leur Patrie. On a bien vû dans la derniere guerre, les François & les Anglois s'aller battre au fonds de l'Allemagne & du Portugal, à trois cens lieues de chez eux. Mais ce qui s'appelle héroïsme dans les querelles des Rois, devient une ſottiſe dans celles des particuliers. Le bien général exige que ceux-ci ſoient fixés dans leur pays, qu'ils n'en ſortent, comme les Hollandois, que pour y rapporter de nouvelles richeſſes. Il veut ſurtout qu'ils ne ſoient point arrachés à leurs occupations utiles, forcés d'errer de Tribunaux en Tribunaux, & réduits enfin à voir leurs droits, leurs terres & leur argent, ſe changer en de vains monceaux de papier marqué.

Ce ſont-là pourtant les inconvéniens que cauſe l'obſervation trop littérale de l'Edit de 1551. Il autoriſe les Préſidiaux à juger ſans appel, juſqu'à la valeur de dix-ſept marcs & plus: avec les mêmes termes en apparence, il les borne aujourd'hui à moins de cinq marcs. Ils ont donc perdu les deux tiers de leur Juriſdiction. Ils en ſouffrent ſans doute. Mais ſur qui retombe le plus grand mal ? N'eſt-ce pas ſur l'Artiſan, ſur le Marchand, dont l'état & quelquefois la vie, dépendent du payement qu'on lui conteſte avec injuſtice ? Un Maçon, un Boulanger, un Boucher, ont fait une avance de deux cens ſoixante livres, & cela n'eſt pas rare. Ils comptent au bout de l'année ſur leur argent. On ne leur en donne point. De peur de s'expoſer à perdre cette premiere ſomme, pour ſe conſerver une pratique, & ne point la laisser passer à d'autres, ils se hasardent à servir une seconde année. Ils redemandent alors cinq cens vingt livres. Ils sont ruinés, si on différe à les payer, parce qu'ils ont eux-mêmes des engagemens pressans. Le débiteur de mauvaise foi dispute : il incidente. Les vingt livres de trop ferment la bouche aux Juges Présidiaux. On plaide à la Sénéchaussée. Le malheureux créancier gagne avec dépens. Mais on lui signifie un appel. Il faut qu'il quitte son négoce, sa famille, qu'il se transporte dans la confusion de Paris, qu'il y fasse sa cour à un avide Procureur, qu'il soudoye un Avocat mercénaire, qu'il trouve deux mille francs à dépenser en pure perte, pour rattraper cinq cens vingt livres, sur lesquels, par la longueur des délais, il ne gagne peut-être pas un écu. Il s'en retourne enfin avec un Arrêt dans sa poche. Il fait exécuter son débiteur : on le paye, & le lendemain il fait banqueroute, précisément parce qu'il a gagné deux fois son procès. Voilà une famille que la misere va anéantir. Elle est perdue pour l'Etat, à qui un peu plus d'étendue dans le pouvoir des Présidiaux, l'auroit conservée.

On est étonné de l'engorgement qui se remarque dans les Tribunaux supérieurs. Ils sont accablés d'affaires de tout genre. Les grands objets publics, & les petites discussions des particuliers, sont également de leur Ressort. Les premiers, comme il est naturel, ont la préférence, & delà il suit que les autres sont négligés. Quelque zéle qu'ayent ces Magistrats, quelque laborieux qu'ils soient, il n'est pas possible qu'ils suffisent à la fois, & aux affaires courantes qui les demanderoient tout entier, & aux affaires extraordinaires qui ne souffrent point de partage. Une seule révolution, comme l'exil de 1755, ou comme la suppression des Jésuites, a causé dans le Palais, un trouble qui sera peut-être encore sensible dans plus d'un siécle. Les premieres causes que ces évênemens singuliers font reculer, déplacent à leur tour celles qui les suivent. Le dérangement se communique & se perpétue de proche en proche; les procès à juger se multiplient dans la même proportion, que les Jugemens diminuent.

Que sera-ce donc, si en coupant les digues qui pouvoient en retenir un grand nombre dans les Provinces, on les laisse tous couler avec impétuosité vers la Capitale? Elle en sera inondée. La Justice elle-même se trouvera bientôt submergée dans un occéan sans bords. On croira tout au plus l'entrevoir de loin, comme ces rochers dont le sommet ſurmonte à peine la ſurface de la mer, & ſe dérobe ſouvent aux regards des Pilotes les plus attentifs.

Il eſt clair qu'il n'y a qu'un ſeul moyen de mettre les Parlemens en état de ſuivre les incidens extraordinaires qui arrivent dans l'adminiſtration générale, ſans faire gémir, ſans ruiner les particuliers. C'eſt de rétablir le pouvoir des Préſidiaux, de lui rendre ſes véritables limites, ou même de lui en donner de plus étendues. La proportion de notre marc eſt bien à celui du tems de Henri II, comme de trois & un peu plus, à un. Mais il eſt ſûr qu'une affaire de dix-ſept marcs aujourd'hui, eſt bien moins importante qu'elle ne l'étoit au ſeiziéme ſiécle. Quand on donneroit aux Tribunaux inférieurs le droit de juger ſouverainement trente ou quarante marcs, il n'en réſulteroit aucun inconvénient: plus on étendra leur Juriſdiction, plus on les rendra utiles. Plus auſſi on ſoulagera les Parlemens, & plus on leur facilitera les moyens de ſe livrer à ces projets admirables de réforme, qui exigent toute leur ſagacité, & dont ils s'occupent avec tant de gloire pour eux, & tant d'avantage pour les Peuples.

Cinquième cause de la décadence des Présidiaux. Défauts de Privilèges, d'Exemptions. Avilissement des Charges, & de ceux qui les possédent.

C'est ici le grand tableau de la vanité humaine. La bisarrerie des titres & des privilèges, les patentes qui les accordent, l'orgueil de ceux qui les recherchent, sont des sources intarissables de plaisanterie pour les spéculatifs. Ils levent les épaules, quand ils entendent un homme en bonnet carré, destiné à prêcher le désintéressement & l'humilité, faire en chaire, pour de l'argent, l'éloge funebre d'un très-haut & très-puissant Seigneur, qu'on a jetté hier dans un trou de six pieds de long, & dont on no parlera plus demain. Ils rient de voir de jeunes gens s'habiller d'une couleur triste, & se donner des titres pompeux, parce qu'ils ont écrit leurs noms chez un grave Docteur, qui s'amuse à expliquer en mauvais Latin, ce qu'il appelle les principes du Droit, sans avoir personne pour l'entendre. Ils rient davantage quand ils apperçoivent des vieillards plians sous le poids d'un bel habit d'écarlate, & d'un large galon, s'énorgueillir, parce que depuis leur jeunesse, ils se sont dévoués à maſſacrer autant d'hommes qu'ils le pourroient.

Nous ſommes tous, diſent ces Cenſeurs, de malheureux Galériens : nous tirons avec orgueil la rame à laquelle nous ſommes condamnés. Nous faiſons peindre nos fers de jaune, de blanc, de noir ou de rouge, & puis nous nous en ſervons pour donner ſur les oreilles aux autres Forçats, qui ſont aſſez ſots pour reſpecter cette bigarrure. Voilà, continuent-ils, l'hiſtoire des privilèges & des diſtinctions, ſur ce petit tas de boue, que nous appellons l'univers.

Tout cela eſt vrai dans un ſens. Mais toutes les choſes dans la vie, comme je l'ai déjà dit, en ont deux. Dans un autre ſens, rien n'eſt plus faux ni plus dangereux que cette façon de penſer. Elle tend à relâcher tous les nœuds de la Société. Elle inſpire aux hommes le goût d'une égalité qui les rendroit encore plus malheureux. Quoiqu'elle fourniſſe quelquefois des traits ingénieux dans ces rêves qu'on prend pour de la philoſophie, elle ne peut jamais ni toucher le cœur, ni diriger les démarches d'un ſage Légiſlateur.

Du moment qu'une Société s'établit, il faut qu'elle ſe ſubdiviſe en différens ordres, qui tous doivent avoir des marques diſtinctives. A quelques-uns il en faut d'honorables. Il faut décorer celui qui est chargé de défendre l'Empire contre les invasions extérieures, & qui doit montrer par sa valeur au reste des Citoyens, à braver les périls pour le salut commun. Il faut charger de prérogatives celui qui doit soutenir les droits du Ciel, qui s'engage à faire aimer la vertu par ses discours, & surtout à la prêcher par son exemple. Mais il est une autre espece d'hommes, qui se dévouent à des fonctions moins brillantes, quoiqu'aussi nécessaires : ce sont les Magistrats, à qui il ne faut peut-être pas moins de fermeté qu'aux Guerriers, pour frapper le crime du glaive des Loix, ni moins de vertu, moins de lumieres qu'au Prêtre, pour éluder des sollicitations appuyées par la beauté, pour résister à des raisons fortifiées par des présens, pour découvrir des artifices tramés par la fraude, & couverts, défendus souvent, par tout ce que les hommes connoissent de plus flatteur ou de plus redoutable. Ceux-là, faut-il les laisser languir dans l'obscurité ? Faut-il en leur ouvrant une carriere glissante, écarter d'eux tous les secours qui pourroient les y affermir ? Faut-il en affectant de les confondre avec ce qu'on regarde comme la plus vile partie de la Nation, en leur ôtant cet honneur, qui malheureusement dans les cœurs humains, est le premier aliment de la vertu, les exposer au mépris des autres, qui la dégrade, & à l'oubli de soi-même, qui l'éteint ?

Inutilement dira-t-on que les Chefs de la Magistrature jouissent du rang le plus élevé. Ils approchent du Trône : c'est delà qu'ils rapportent ces raïons qui les font chérir & respecter des Peuples. Mais il ne suffit pas que la tête en soit éclairée. Il faut que le reste du corps en partage l'éclat, à proportion de son utilité. Vous faites porter à votre cheval un mords avec des bossettes dorées. Mais vous lui couvrez aussi la croupe d'une housse magnifiquement brodée. Sans cette précaution, la nudité d'une partie deviendroit plus choquante, par la parure de l'autre.

Les Parlemens sont honorés avec raison. Ils marchent ordinairement après la Noblesse, & dans bien des cas, ils se trouvent presque sur la même ligne. Pourquoi des Tribunaux qui les représentent, gémissent-ils dans l'humiliation, quoiqu'ils soient membres du même ordre ? Il ne faut pas sans doute que chaque Présidial soit dans son district une Compagnie indépendante. Il ne faut pas qu'ils puissent tous prétendre à peser les intérêts des Peuples, & à réfléchir sur les ordres du Monarque. Ces distinctions augustes ne sont jamais plus respectables & plus utiles, que quand les corps qui en jouiſſent, ſont peu multipliés.

Mais quel inconvénient y auroit-il, quand les Préſidiaux réuniſſant toutes les parcelles de pouvoir, diſperſées aujourd'hui dans les Juſtices Seigneuriales, ſeroient décorés des privilèges qui font paroître un ordre reſpectable aux ordres inférieurs, quand leurs Offices donneroient la Nobleſſe héréditaire, comme les Emplois des Troupes le font depuis peu d'années? Le premier fruit de cette conceſſion, ſeroit une eſpece de réſurrection de ces Charges, aujourd'hui vraiment mortes. Elles retiendroient dans le lieu de leur naiſſance, quantité de jeunes gens, qui faute de cette illuſtration, ſe laiſſent entraîner à dédaigner l'état de leurs pères. Ils viennent chercher dans les Capitales, ou des honneurs qui les ruinent, ou des plaiſirs qui les tuent. Leurs talens, s'ils n'étoient pas déplacés, ſeroient utiles à leur Patrie. Par leur déplacement, le plus grand bien qu'on en puiſſe eſpérer, c'eſt qu'ils ne lui ſoient pas nuiſibles.

D'ailleurs, il n'y auroit pas à craindre que de cette pépiniere de Nobles, il ſortit aſſez de tiges pour multiplier la Nobleſſe au point de l'avilir. Je ſuppoſe qu'elles n'acquerroient qu'au troiſiéme dégré le droit de la communiquer; or combien peu dureroient jusques-là ? Combien seroient déracinées, avant que d'y parvenir, par ce trop grand nombre d'accidens qui environnent & raccourcissent la durée des Familles, dans l'état où elles sont comptées pour quelque chose ? Combien qui laisseroient bientôt leurs places vacantes, faute de rejettons pour les remplir ? Enfin, pourroit-on craindre de laisser au petit nombre, qui se maintiendroit jusqu'au terme prescrit, le droit d'illustrer leur postérité, & de produire pour titre, des occupations paisibles, il est vrai, mais utiles & respectables, au lieu de ces brigandages fameux, de ces actions féroces, qui trop souvent déshonorent la souche des plus grandes Familles ?

Tout cela est d'une si grande évidence, que ce seroit perdre le tems, que de vouloir le prouver. Si le Gouvernement veut donner quelque attention à cette partie, ce que je dis est plus que suffisant pour lui montrer la nécessité de le faire promptement. S'il n'a pas dessein d'y penser, les raisonnemens les plus convainquans, seroient les plus inutiles. On ne peut pas supposer jusqu'à présent, qu'il s'en soit occupé beaucoup. Il n'a guére considéré les Charges inférieures de Judicature, que comme ce qu'on appelle les Offices de Finance. On en a fait des espéces de mamelles, qu'on trait aſſez mal-adroitement, quand on a beſoin d'argent. Quand on veut engager les bêtes, dont on cherche à avoir le lait, à ne pas le retenir, on les flatte, on les careſſe, on les bat quelquefois. On en a agi de même avec les Propriétaires de tous ces titres. On leur a vendu des privilèges : on les leur a ôtés pour en faire payer la reſtitution. Malgré la clauſe inſéparable de tous les Edits, *afin que ce ſoit choſe ferme & ſtable à toujours*, il eſt arrivé que ces choſes ſi ſtables & ſi fermes, étoient pluſieurs fois relevées & anéanties dans l'eſpace de trois ou quatre ans. Ce dernier état eſt encore celui où nous les voyons.

En ôtant à ces Offices toutes les prérogatives qui pouvoient les faire rechercher, on s'eſt aviſé, par une inconſéquence incroyable, de les accabler de ſurcharges, de taxes de toute eſpéce ; on ne s'eſt pas contenté de réduire à rien leurs foibles gages ; ſuivant l'Edit d'ampliation de 1551, (voyez le Livre déjà cité) ils doivent avoir chacun au moins cent livres tournois de gages ; c'eſt-à-dire, plus de trois cens livres d'aujourd'hui. Il n'y en a pas un qui en reçoive cinquante. Mais ce n'eſt pas même encore tout. On a de plus trouvé moyen d'en éluder la poſſeſſion héréditaire. On l'a rendue onéreuſe par les droits

droits aussi ridicules qu'injustes, compris sous le nom de Paulette. Il n'y a pas aujourd'hui un père qui veuille conserver à ses enfans le titre dont il est pourvû. Il lui en coûteroit, pour le conserver, vingt fois plus, qu'il n'en coûte à ses héritiers pour le racheter des Parties Casuelles, où il ne manque pas de tomber à sa mort.

Qu'il me soit permis d'insérer ici un petit Dialogue, composé il y a bien des années par un Provincial que j'ai connu. Il étoit venu à Paris pour se décorer à peu de frais d'une Charge aux Parties Casuelles. Il eut à ce sujet avec le Receveur, la conversation qui suit.

DIALOGUE
ENTRE UN RECEVEUR *DES PARTIES CASUELLES*, ET UN PROVINCIAL *qui veut acheter une Charge.*

LE PROVINCIAL.

MONSIEUR, je voudrois avoir une Charge,

LE RECEVEUR.

Rien de plus facile, Monſieur, de quelle qualité la voulez-vous ? Nous en avons ici de toutes les eſpéces & à choiſir. Voulez-vous une Charge de Tréſorier de France ? * Il nous en vient rarement. Profitez de l'occaſion. Cela eſt ſolide & de bon uſé. Il n'y a rien d'ailleurs de ſi parant ; quand on vous la verra, tout le monde vous prendra pour un Gentilhomme. Vous croirez vous-même l'être devenu.

LE PROVINCIAL.

Ce n'eſt pas là ce que je cherche. La nature m'a fait Roturier. Je ne conçois pas comment avec un peu d'argent, je pourrois lui donner le démenti. La Nobleſſe eſt pour les enfans, la récompenſe des actions éclatantes de leurs pères. Les miens ont toujours été de bonnes gens. Ils ne ſe ſont illuſtrés que par leur probité. Cela ne ſuffit pas pour faire un Gentilhomme, & ce n'eſt pourtant qu'à ce titre que je voudrois le devenir.

LE RECEVEUR.

Eh bien ! voyons ici. Voulez-vous un Office

* Les Charges de Tréſorier de France, & celles d'Elu, ne tombent plus aux Parties Caſuelles, depuis qu'on a obligé en 1745 les Titulaires à racheter le droit de Paulette. Cela prouve, comme je l'ai dit, que ce Dialogue a été fait il y a longtems.

dans une Election? Ces Charges-là ont bien leur mérite. Elles exemptent de Taille, de Corvées, de Tutelle, de Curatelle; elles donnent le droit de parler une fois par an, face à face avec Monseigneur l'Intendant. * On y reçoit tous les ans un pain de sucre de de la part de Nosseigneurs les Fermiers Généraux, † & un Cierge de la Paroisse pour aller aux Processions. Vous n'avez rien en Province qui approche de cela.

LE PROVINCIAL.

J'en conviens. Mais ce n'est pas encore ce qu'il me faut. La conversation de l'Intendant, le pain de sucre des Fermiers, le Cierge de la Paroisse, sont des choses très-flatteuses: mais je m'en soucie très-peu. Je voudrois dans une Charge, avoir de l'occupation, y trouver de quoi travailler. Autrefois les Elus étoient les arbitres de l'impôt. Ils ne sont guére aujourd'hui que les témoins des déprédations. Ils pouvoient ou faire un peu de bien, ou prévenir beaucoup de maux. Ils avoient des privilèges réels. Ils n'en ont plus aucun. Ils ne servent qu'à contre-signer les Registres des Aydes, & tout au plus à faire

* Lors de la répartition des Tailles.

† Cette libéralité de la Ferme n'est pas générale. Il y a plusieurs Villes où on ne la connoît pas.

mettre en priſon les malheureux Payſans, à qui, dans des accès de déſeſpoir, il arrive de rendre aux Commis les coups qu'ils en ont reçus. Je ne ſuis point fait pour l'un de ces Emplois, & je ne pourrois jamais me prêter à l'autre.

LE RECEVEUR.

Voulez-vous être Lieutenant Particulier aux Eaux & Forêts, Préſident aux Traites Foraines ?

LE PROVINCIAL.

Non, tout cela a les mêmes inconvéniens, avec encore moins de conſidération. Voyez, fouillez dans les recoins de votre Magaſin. Les choſes les plus utiles ſont ſouvent les plus négligées. Qu'eſt-ce qu'il y a là ?

LE RECEVEUR.

Eh ! c'eſt juſtement votre affaire. Ce ſont des Charges de Préſidiaux. J'ai ici preſque toutes celles du Royaume. C'eſt préciſément ce que vous demandez. Une Charge comme celle-là ne vous donnera pas la Nobleſſe. Car elle vous aſſujettira à la Taille, à l'Uſtencile, &c. Elle vous procurera du travail, car à peine en ſerez-vous revêtu, qu'il faudra aller piocher ſur les grands chemins, aux ordres des Picqueurs de Monſeigneur le Subdélégué. Il n'y a là, comme vous voyez, Monſieur, aucun des écueils que vous paroiſſiez craindre ailleurs. Un Conſeiller au Préſidial, n'a point à rougir d'une Nobleſſe Financiere. Il tranſmet à ſes enfans, ſans altération, le ſang Roturier qu'il a reçu de ſes ayeux. Il a toujours de l'occupation au dehors, & au dedans de ſa Ville. Au dedans il met en ordre les quittances de la Taille, du Taillon, de l'Uſtencile, du Grenier à Sel, du trop bû, & beaucoup d'autres, quand il les a payées. Au dehors il va exercer ſes bras à la corvée, pour le ſervice du public. Cela fait, comme vous voyez, un Magiſtrat fort utile & fort laborieux.

LE PROVINCIAL.

Oui, je vois que ces ſortes de Charges doivent être fort honorables.

LE RECEVEUR.

Honorables! Je vous en réponds. Il eſt vrai que votre Barbier, s'il a l'honneur d'être Echevin, ſera votre ſupérieur. Il vous intimera ſes ordres. En ſortant de vous raſer, il ira ſigner des billets pour vous obliger de loger des Soldats. Mais auſſi vous aurez le plaiſir de le juger en maître dans toutes les conteſtations de ſa boutique, qui ne ſurpaſſeront pas la valeur de ſon baſſin. Vous ſerez Membre d'un petit Parlement, dans une multitude de cas. N'eſt-ce rien que de juger ſans appel, ſouverainement, en dernier reſfort, jusqu'à la concurrence de la somme de dix livres de rente ? Voilà pourtant jusqu'où iront vos pouvoirs.

LE PROVINCIAL.

Ils sont étendus. Et où peut-on acquérir une Charge si bien décorée ?

LE RECEVEUR

Partout où vous voudrez. On n'est point gêné dans ces Compagnies-là, pour trouver des places. Il y en a toujours de vuides. Voulez-vous porter une belle robe rouge ? Allez à Caen, à Tours, au Mans. Si vous n'êtes pas curieux de cette noble distinction, promenez vos yeux dans tout le Royaume ; pour quelque Ville que ce soit, je vous expédierai, moyennant une modique finance, des patentes en bonne forme. Elles vous assureront le privilège de recevoir, en siégeant sur les fleurs de Lys, une assignation pour la Taille, & d'aller en robe travailler à la corvée. Mais faites mieux, quand j'y pense. A M. . . . il n'y a qu'un Magistrat. Il est à lui seul toute la Compagnie. Il est premier Président, Lieutenant Général, Lieutenant Criminel, Procureur du Roi, Avocat du Roi, Doyen, Conseiller, Greffier, &c. Fixez-vous là. Vous vous arrangerez avec lui pour exercer la moitié des Charges, ou pour être de moitié dans toutes. Ne serez-vous pas bien aise de réunir en vous seul les voix de huit Conseillers & demi ? Quand il arrivera des Ordonnances du Roi adressées aux Président, Lieutenant & Conseillers du Présidial de M. . . . ne serez-vous pas enchanté de voir qu'il y en aura juste la moitié pour vous ?

LE PROVINCIAL.

Vous me ravissez. L'éloge que vous me faites de ces Charges, m'éblouit. Mais pourquoi donc sont-elles si peu courues ? Vous me donnez bien mauvaise idée du goût de notre siécle.

LE RECEVEUR.

Je ne sçaurois trop vous dire pourquoi. Je m'occupe plus à tenir compte de l'argent qu'on m'apporte, qu'à chercher pourquoi on ne m'en apporte pas. Mais je vois qu'en général le commerce des Charges est tombé, comme toutes les autres espéces de commerce. Il n'y auroit peut-être personne aujourd'hui qui n'aimât mieux une Commission de Préposé à la recette du pied-fourché, qu'une Charge de Conseiller aux Requêtes du Palais. L'une conduit à gagner vingt mille livres de rente, l'autre à les dépenser. Il n'y a pas à hésiter sur le choix.

LE PROVINCIAL.

Vous avez raison. Mais je ne prétends ni à l'une ni à l'autre. Revenons à cette Charge du Présidial dont nous parlions, de quel prix est-elle ?

LE RECEVEUR.

Dans le siécle dernier elle a été achetée * quarante-huit mille livres. Mais attendu le haussement des espéces & la rareté de l'argent, elle ne vous coûtera, avec tous ses privilèges, appartenances & dépendances, que la somme de quinze cens livres une fois payées.

LE PROVINCIAL.

Quinze cens livres !

LE RECEVEUR.

En conscience, Monsieur, je ne puis pas à moins. Il y a Charge & Charge. A Orléans, à Auxerre, vous en aurez qui ont coûté dans le dernier siécle vingt-deux mille livres, & que je vous laisserai à deux cens écus. Mais pour celle-ci, qui renferme à elle seule les droits, privilèges, exercices & prérogatives de plusieurs autres, le dernier mot est de quinze cens livres. Sçavez-

* Je ne connois aucun Présidial, dont les Charges soient, ou ayent jamais été de ce prix-là. Cependant j'ai vû un Mémoire de celui de Poitiers, où il est dit que ces Charges dans cette Ville ont valu autrefois cinquante mille livres. Seroit-ce-là le Tribunal désert dont le Recéveur des Parties Casuelles vouloit parler ?

vous qu'il y a cent dix livres de gages? Vous gagnerez en l'achetant, précisément trente-cinq livres par an, sur l'intérêt de votre argent.

LE PROVINCIAL.

Cela peut être, mais on m'a parlé de certains mots barbares, de prêt, d'annuel, je crois. Qu'est-ce qu'ils signifient?

LE RECEVEUR.

C'est une bagatelle, Monsieur. Sur cette Charge que je vous donnerai à quinze cens livres, & qui vous en vaudra cent dix de gages, vous fournirez au Roi par an, mille cinquante-six livres de prêt, & trois cens seize liv. dix-huit sols, trois deniers d'annuel.

LE PROVINCIAL.

Ce sont donc treize cens soixante-douze liv. dix-huit sols, trois deniers, à payer par an, pour une Charge qui en rapportera cent dix.

LE RECEVEUR.

Justement. Vous calculez avec une précision admirable. Mais convenez que ce n'est pas trop. Si le total vous effraye, voici comme vous en pouvez faire la répartition. Il y a dans cet Office tant de prérogatives, aussi utiles qu'honorables, qu'on peut attacher à chacune une portion de ce résultat qui vous paroît d'abord un peu considérable. Le Roi veut bien vous confier l'exercice de son autorité. Il vous permet de porter une grande robe noire, plissée majestueusement, au lieu d'un vilain petit justaucorps serré, qui n'a ni grace ni façon. Il vous autorise à vous parer d'une longue perruque flottante avec élégance, au lieu de ces épées aussi inutiles qu'incommodes, qui s'embarrasseroient dans vos jambes, ou dans celles de vos voisins. Il veut surtout qu'à la corvée vous ayez quelque distinction, & qu'en vous assignant votre nombre de toises à couvrir de cailloux, on ait soin de vous nommer expressément, Conseiller de Sa Majesté. Ce sera par reconnoissance de toutes ces faveurs que vous lui offrirez généreusement chaque année mille cinquante-six livres. Les autres trois cens seize livres, dix-huit sols, trois deniers, seront une espéce de petit hommage par lequel vous empêcherez qu'on ne vous oublie. Par ces deux moyens, vous conserverez votre glorieux titre à Messieurs vos enfans.

LE PROVINCIAL.

Ils ne seroient donc pas sûrs d'en jouir sans cela?

LE RECEVEUR.

Non. Au contraire, ils seroient très-sûrs de n'en pas jouir. L'illustre Monsieur Paulet, qui inventa en 1604, cet admirable Réglement, statua que toute Charge à cent dix livres de gages, dont le Propriétaire n'auroit pas payé par chacune année treize cens soixante-douze livres, dix-huit sols, trois den. seroit à sa mort rapportée ici dans mon magasin, pour être revendue au profit de Sa Majesté. Vous voyez comme en France on est attentif à ménager les particuliers. Ailleurs, pour un impôt mis sur les Charges, on vous tracasseroit, on vous obligeroit à payer sur le champ. Ici point du tout. Ne voulez-vous pas payer? Vous êtes le maître. Seulement à votre mort, votre Charge sera perdue pour vos héritiers, ainsi que l'argent qu'elle vous aura coûté. Par cette ingénieuse invention, tout le monde est content. Le Roi de façon ou d'autre retrouve son argent. Les jeunes gens apprennent à ne point regarder les Magistratures, comme un effet de succession. Ils ne songent pas non plus à laisser languir leurs talens dans l'obscurité d'un Office, qui suffisoit à ceux de leurs pères. Les Parties Casuelles se soutiennent avec honneur. Nous voyons grossir nos profits par ce flux & reflux perpétuel de Charges qui y entrent, ou qui en sortent.

LE PROVINCIAL.

Oui, vous ressemblez assez à ces Frippiers qui étalent des habits de toutes les couleurs & de toutes les tailles. Mais ce que vous m'avez dit-là, diminue un peu l'envie que j'avois de m'habiller à votre boutique. Je vais voir ailleurs, si je ne trouverai pas mieux.

A cela, je n'ai rien à ajouter. J'ai indiqué en très-peu de mots, comme je l'avois promis, les maladies qui affligent cette partie de la Justice. J'ai, je crois, aussi montré les remédes. On fera de mon secret l'usage qu'on voudra. Pour vous, Monsieur, qui m'avez engagé à le publier, je crois que vous serez frappé de son utilité. Vous conviendrez avec moi, que si l'on tarde à l'employer, on verra redoubler les pronostics fâcheux, qui annoncent des engorgemens dans quelques parties de la Magistrature, & une dissolution totale dans les autres. Je vous ai dit ce que je sçavois des Tribunaux, tant anciens que modernes, & de leur établissement, comme de leurs défauts. Il me reste à vous parler des Loix qui les dirigent. Cet article est encore plus rempli de bizarreries singuliéres. Il est plus varié, plus fécond, & plus intéressant : par toutes ces raisons, je tacherai qu'il soit encore plus court.

SECONDE PARTIE

Des Loix, & de leur multitude.

Ce n'est pas assez qu'il y ait des Loix pour

fixer l'état & les droits respectifs de chaque Citoyen. Il ne suffit pas que des Juges leur prêtent leur voix pour se faire entendre. Un usage singulier, mais ancien, défend à ceux qui en ont besoin, d'implorer par eux-mêmes leur secours. Il y a dans le sanctuaire de Thémis des hommes consacrés pour lui porter les vœux des suppliants. Ils ont seuls, comme les Prêtres des Oracles, le droit exclusif de parler à leur Déesse, &, comme ces Prêtres, ils ont grand soin de se faire payer pour ouvrir la bouche.

C'est ce qu'on appelle des Avocats. On prétend en retrouver jusques dans l'ancienne Rome. Mais peut-être les Avocats de cette maîtresse du monde, ne ressembloient-ils pas plus aux nôtres, que la colonne trajanne ne ressemble aux bornes de nos rues. Les *Patrons*, chez les Romains, étoient les premiers Magistrats de la République, ou ils pouvoient prétendre à le devenir. Ceux qui se disent parmi-nous leurs successeurs, ne sont pas même une partie de la Magistrature. Ils osent bien en secret prétendre une sorte d'égalité avec elle. L'indépendance dont ils se flattent, la générosité qu'ils annoncent, les rendroit peut-être en effet supérieurs aux Juges devant qui ils parlent, si l'une ou l'autre étoient réelles. Mais on sçait ce qu'il en faut croire,

Je n'examine point si cette profession à dégénéré ou non. Je remarque seulement qu'elle est devenue beaucoup plus laborieuse. Il ne falloit guére à Rome que du génie, pour se distinguer au Barreau. Il suffisoit à un Orateur d'y porter une belle voix, un geste séduisant, & surtout l'art de toucher le cœur, d'y faire naître à son gré les passions dont il avoit besoin. On lui demandoit beaucoup d'esprit, & très-peu de science. Il falloit qu'il émût ses Juges : Il ne songeoit pas à les convaincre par des lambeaux de citations arides, souvent aussi inintelligibles que déplacées.

Le premier devoir d'un Avocat parmi nous, c'est de sçavoir, ou de paroître sçavoir tout ce que contiennent une multitude d'In-folio que personne ne lit, pas même ceux qui les citent, & moins encore ceux qui jugent d'après eux. On dit qu'à la Chine, on voit des Lettrés élevés par leurs profondes connoissances aux premieres dignités de l'Etat, & qui meurent avant que d'avoir bien appris à lire : tant c'est une entreprise épineuse chez cette illustre Nation, que la connoissance de l'alphabet. On peut bien en dire autant de nos Licentiés ès Loix. Combien d'entr'eux sortent de ce monde, avant que de sçavoir les élémens de cette prétendue Jurisprudence, qui a fait pendant toute leur vie, l'objet de leurs études, de leurs discours & de leurs écrits? Y en a-t-il un seul qui réussisse à connoître la centiéme partie des Loix, que la féconde imagination de nos ancêtres nous a laissées, & que nous suivons avec le respect le plus stupide?

C'est une chose curieuse que d'examiner ce qui forme en France le Corps des Loix civiles de la Nation. Je ne parle pas du droit des gens; on n'en entrevoit pas même les principes. C'est une matiere délicate. Je ne sçais trop quelle seroit la récompense de quiconque entreprendroit de les éclaircir. Je ne parle pas non plus des Loix fondamentales, toujours reclamées, toujours violées, & jamais connues: je crains bien qu'elles ne ressemblent à ces revenans dont tout le monde raisonne, & que personne ne voit jamais. Je n'ai en vûe ici que les Ordonnances, les recueils d'Arrêts, les Coutumes qui semblent destinées à fixer la fortune des Citoyens, à éclairer ou ceux qui les défendent, ou ceux qui les jugent.

Si leur multitude contribuoit au bonheur des Peuples, nous serions certainement la plus heureuse Nation qu'il y ait sur la Terre. Nous avons le Droit Canon, fondé en grande partie sur des Sentences de Législateurs sans autorité, sur des piéces plus que suspectes, ſur des décretales évidemment reconnues pour fauſſes : nous avons le Droit Romain, extrait des vieux recueils compilés ſous le bas Empire, dans des tems pleins de confuſion, heriſſés de Réglemens, qui ne ſont faits ni pour nos mœurs, ni pour notre Gouvernement : nous avons le Droit François, eſpéce de marqueterie bizarre, aſſortiment ridicule de diſpoſitions toutes contradictoires, & qui laiſſent ſubſiſter dans un Gouvernement reglé, des traces du Gouvernement le plus abſurde, le plus barbare, dont l'Hiſtoire ait conſervé le ſouvenir. Chacune de ces ſortes de Droits ſe ſubdiviſe en une multitude d'autres droits, dont il eſt rare qu'on puiſſe même raſſembler tous les noms.

C'eſt pourtant dans ce cahos immenſe qu'il faut qu'un Avocat ait le courage de s'enfoncer. Il n'y a pas de procès de cent piſtoles, pour lequel il n'ait peut-être à feuilleter plus de vingt In-folio. Car ſi les Reſtaurateurs de notre Juriſprudence ont été des Compilateurs déraiſonnables, leurs Commentateurs ſe ſont picqués d'être les bavards les plus prolixes, à qui la Providence divine ait jamais permis d'affliger la Terre. Il n'y a guére de Coutume dont les gloſes étendues feuille à feuille, ne couvriſſent pluſieurs fois tout le pays où la Coutume eſt reçue. Or ſi l'on l'on ſonge que chaque Hameau a ſa Coutume, & que chaque Coutume a ſes Commentateurs, on ſentira dans quel horrible embarras doivent ſe trouver les Juges qui voudroient les ſuivre, & ſurtout les Avocats qui veulent les concilier. Imaginez une vaſte campagne, couverte de pierres briſées, de briques rompues; ſuppoſez des hommes qui s'y diſperſent, & qui ayant, avec beaucoup de peine, rejoint quelques petits morceaux, ſe donnent fiérement le nom d'Architectes; voilà notre Juriſprudence & nos Juriſconſultes.

Je ne doute pas que ma hardieſſe ne me faſſe beaucoup d'ennemis. Il eſt toujours dangereux de montrer la raiſon aux hommes. Ils pardonnent rarement à des vérités qui les humilient. Mais c'eſt bien autre choſe quand c'eſt à des Corps qu'on a affaire. Ce ſont de lourdes machines qui ſuivent péſamment, & ſans ſe détourner, la premiere impulſion qu'elles ont reçue. Ce n'eſt jamais la ſageſſe d'un uſage qui les décide, c'eſt ſon ancienneté. Un imprudent oſe-t-il l'attaquer? L'orgueil, la pareſſe, l'opiniâtreté, ſe réuniſſent contre le malheureux donneur d'avis; on n'examine pas ſes preuves : on commence par ſe récrier contre ſa témérité. Il faut que les mœurs ſoient bien douces, ſi l'on ſe contente de déclamer. Il y a tel ſiécle où il eſt plus ſûr de commettre des fautes eſſentielles, que de rire d'une ſottiſe conſacrée par trois cens ans de vénération. Je ſens tout ce danger. Mon unique reſſource eſt d'en appeller au jugement d'un Lecteur impartial. Je tache de ne parler que d'après la raiſon : puiſſe-t-on ne me juger que d'après elle.

C'eſt dans l'Hiſtoire que j'ai ſuivi l'établiſſement de nos Tribunaux. C'eſt-là que j'ai puiſé des faits pour prouver qu'il falloit ou en créer de nouveaux, ou donner une nouvelle vie à quelques-uns des anciens. Suivons la même méthode à l'égard des Loix; remontons à leur origine, & voyons comment la France s'eſt trouvée ſi propre à les multiplier: cherchons comment elle a pû ſe laiſſer couvrir de tant de productions monſtrueuſes en ce genre.

Il faut ſe rappeller ce que j'ai dit de la compilation de Juſtinien, appellée *Inſtituta*, & publiée par les ordres de cet Empereur. L'inſtant où elle parut, fut peut-être celui où elle étoit le moins néceſſaire. Rome n'étoit plus, & ſon Empire alloit tomber. Le Code de Juſtinien fut enſéveli ſous ſes ruines. On parut longtems l'avoir oublié tout-à-fait. Nous avons vû que ſous les deux premieres Races, & au commencement de la troiſiéme, la ſervitude générale diſpenſa de la néceſſité des Loix particulieres. Mais leur beſoin ſe développa avec la liberté. Dans cette eſpece de réſurrection du droit naturel parmi les hommes, il n'exiſtoit aucune Juriſprudence. Les plaideurs opiniâtres demandoient qu'on les jugeât, & les Seigneurs étonnés ſe demandoient comment il falloit juger. Ils n'avoient tous d'autre mérite que de ſe tenir bien fermes à cheval, de porter des armes fort lourdes, avec une ignorance héréditaire. Ils laiſſoient l'embarras de la Judicature à leurs illuſtres Sénéchaux, qui tout au plus ſçavoient ſigner leurs noms.

Ceux-ci n'y étoient guére moins embarraſſés : mais comme il eſt dans l'ordre que les domeſtiques ſe donnent beaucoup de peine pour les objets dont leurs maîtres ſe mocquent, les Sénéchaux travailloient de leur mieux à s'inſtruire. Les uns apprenant qu'il y avoit eu autrefois des Romains, & que ces Romains avoient fait des Loix, ſe les faiſoient interpréter par d'habiles Clercs, qui entendoient un peu le Latin : ils les appliquoient enſuite comme ils pouvoient.

D'autres n'ayant point de Clercs auprès d'eux, ou ne voulant pas les employer, ou même croyant les caprices d'un Sénéchal François auſſi reſpectables que ceux d'un Jurisconsulte Romain, établissoient à leur gré de nouvelles régles. Elles se transmettoient par tradition de père en fils, & épargnoient à leurs descendans la fatigue d'imaginer des Loix, comme avoient fait leurs ayeux.

A la vérité S. Louis avoit essayé de faire quelque Réglement général. La sagesse de ce grand Prince tachoit d'introduire un peu de jour dans la plus horrible obscurité. Mais ses efforts eurent peu de succès. Ses *établissemens* sont une preuve de ce qu'il auroit été capable de faire dans un autre siécle. Mais ils se ressentirent de toute la grossiéreté de celui où ils furent donnés. Le sage Roi fut obligé, malgré lui, d'y confirmer la Jurisprudence des duels qu'il souhaitoit d'abolir. Tel étoit encore l'excès de la barbarie, qu'un Criminel condamné, pouvoit prendre ses Juges à partie, & les combattre tous l'un après l'autre. Il auroit été absous, s'il avoit pû réussir à les vaincre. On dégradoit le vaincu: on coupoit avec appareil la ceinture de sa culotte, & on le pendoit ensuite, mort ou vif, pour réparation de son audace. On sent bien que ce n'étoit pas encore là le tems d'une Justice raisonnée, ni des Loix décentes.

Philippe le Bel, en créant des Magistrats exprès pour juger, ne leur en prescrivit point la méthode. On choisit sans doute des Perſonnages bien capables. Soit confiance dans leurs lumieres, ſoit difficulté de fixer une Juriſprudence uniforme, ſous un régne agité par des diſputes de plus d'un genre, ſoit négligence de la part des Miniſtres, plus avides de s'enrichir, que de bien gouverner, & de la part d'un Maître vain, fier, trop occupé des intérêts étrangers, pour fixer ſes regards ſur l'adminiſtration intérieure, il paroît que le Parlement donna longtems dans ſes Sentences, beaucoup au hazard, à ſon libre Arbitre, & à l'adreſſe des Plaideurs. On recueilloit pourtant ſes premieres déciſions : on tachoit de s'en faire une eſpéce de guide dans le labyrinthe de la Juriſprudence qui commençoit à ſe former : c'eſt leur compilation qu'on appella les *Olim*, titre que perſonne n'entendra ſans doute ſans Commentaire, & digne par-là de l'ouvrage à qui on le donnoit.

Enfin Charles VII, vers le milieu du quinziéme ſiécle, ſe trouva ſeul & paiſible poſſeſſeur de la France. C'étoit-là le moment de mettre la main à la Légiſlation civile, & d'élever à la Juſtice un monument inébranlable. Mais Charles VII, heureux guerrier & brave Soldat, étoit un Roi très-médiocre. Il aimoit le plaiſir. Il vouloit jouir avec ſes maîtreſſes d'une paix qui lui avoit beaucoup coûté. Au lieu de remplir les nobles fonctions d'un Légiſlateur, il s'aviſa d'un expédient qui abâtardit à jamais la Juriſprudence dans ſon Royaume. Il ordonna la rédaction des Coutumes. On diſperſa partout des Commiſſaires chargés d'examiner dans chaque endroit les Uſages qui y paroîtroient établis. Au lieu d'employer l'autorité Royale à les réformer, on ne s'en ſervit que pour leur donner une authenticité légale.

On raſſembla dans chaque Village quelques faits que les vieillards pouvoient avoir conſervés: on examina comment tels & tels incidens avoient été vûs un ſiécle auparavant par un Bailli ou un Sénéchal. On compila ainſi au hazard des idées informes. Les Rédacteurs y joignirent celles qui leur paſſoient par la tête, ou qui pouvoient favoriſer dans le moment les connoiſſances & les amis que leur ſéjour dans le pays leur avoit procurés. Comme de plus chacun d'eux travailloit à part, il ne faut pas s'étonner que ce que l'un faiſoit dans un Village, fut contredit par les principes qu'établiſſoit ſon Confrère à un quart de lieue delà.

Telle eſt la reſpectable origine de ces Coutumes célébres, qui tiennent aujourd'hui lieu de Loix aux trois quarts de la France. Delà vient qu'on n'y voit guére que des Uſages ridicules, ou directement oppoſés les uns aux autres. Delà vient que nous sommes encore dirigés presque en tout par la barbarie grossiére de nos ancêtres, que nous croyons avoir détruite. Nous avons réformé les cuirasses, leurs haubergeons, leurs juppons de taffetas ou de veloux ; nous rougirions de nous habiller ou de danser comme eux ; mais nous avons précieusement ramassé les fantaisies de leurs domestiques : elles nous servent d'oracles dans les occasions les plus intéressantes. On seroit hué, si l'on portoit une toque comme celle de Philippe le Bel : on écoute avec respect une décision que l'ignorance a dictée à un Palefrenier de ce Prince.

Il ne faut pas croire que cette extravagante indécence n'ait jamais trouvé de censeurs. Plusieurs de nos Rois en ont rougi ; ils ont paru même songer à la faire cesser. Mais de petits intérêts particuliers ont toujours nui au bien général. C'est assez-là l'esprit qui a régné en France de tout tems. Pour y établir de véritables Loix, il faudroit supprimer toutes les sottises qui en usurpent le nom. Or, c'est ce qu'on n'a jamais sçu faire chez nous. En tout genre on y sçait établir, & cela se fait sans peine : mais on ne sçait jamais supprimer. Il ne faudroit pourtant pas autre chose pour nous donner un cours complet, admirable de Jurisprudence. Il n'y a pas de Royaume où l'on ait plus de réglemens ſages, plus de diſpoſitions équitables. Mais ce ſont des diamans enfoncés dans une prodigieuſe quantité de ſable. Il faut commencer par les dégager, ſi l'on veut les mettre en œuvre. C'eſt probablement ce qu'on ne fera point. Les Conſeils de nos Rois ont toujours eu les vûes les plus lumineuſes, les projets les plus utiles: mais l'exécution en a toujours été imparfaite. On ſe contente d'ordonner le bien : on n'abat point tous les obſtacles qui s'y oppoſent. Des manœuvres ſecrettes, des recommandations puiſſantes, arrêtent la main du Légiſlateur, quand il ſe prépare à retrancher des choſes inutiles.

C'eſt un Jardinier, qui en taillant ſes arbres, épargne des branches gourmandes, parce qu'elles lui paroiſſent vigoureuſes. Il ne voit pas que celles-la enlevent le ſuc de toutes les autres. La tige appauvrie par elles, ſe deſſéche. L'arbre entier périt bientôt, entraînant avec lui ces branches fatales qui ont cauſé ſa ruine. Voilà ce qui nous eſt arrivé, ou ce qui nous arrivera tôt ou tard, non pas par l'ignorance des Chefs de l'Etat, mais par leur trop de complaiſance pour des uſages ridicules & dangereux qu'ils déſaprouvent, ſans oſer les détruire. Toutes les parties de l'adminiſtration en ſont pleines. Mais c'eſt ſurtout dans la Juriſprudence qu'ils ſont le plus communs. On eſt tout étonné d'y voir les Réglemens ſe multiplier, ſans que la confuſion diminue. Comme l'un n'eſt ordinairement pas cenſé déroger à l'autre, ils ſubſiſtent preſque tous à la fois. Les hommes engagés par état à les ſuivre, à les expliquer, ſe ſentent égarer par cette foule de guides qui ſe diſputent tous le droit de les conduire. La chicane ſeule profite de ces débats. Mais la juſtice & la raiſon expirent ſous le poids de ces recueils effroyables d'Arrêts, de Réglemens, d'Ordonnances, toutes indépendantes, & preſque toutes contradictoires.

FIN.

La Justice pésant ce droit litigieux
Demande l'Huitre, l'ouvre et l'avalle à leurs yeux,
Et par ce bel arrêt terminant la bataille,
Tenés, voila, dit elle, à chacun une Ecaille
Des sotises d'Autrui nous vivons au Palais.
Messieurs l'Huitre étoit bonne, allés vivés en paix.

Boileau Epitre .II

www.ingramcontent.com/pod-product-compliance
Ingram Content Group UK Ltd.
Pitfield, Milton Keynes, MK11 3LW, UK
UKHW020923180726
13838UKWH00002B/719

9 782329 334325